오십부터는
노후 걱정 없이
살아야 한다

자식에게 기대던 시대에서 셀프부양의 시대로

오십부터는 노후 걱정 없이 살아야 한다

트러스톤자산운용 연금포럼
강창희·고재량 지음

포레스트북스

노후 준비,
하루라도 일찍 시작하자

"이런 교육을 10년쯤 전에 아내와 함께 받게 해줬어야죠. 지금 혼자 와서 받으면 내일모레가 퇴직인데 준비는 언제 하며, 권한은 아내가 다 갖고 있는데 내 말 안 듣는 아내를 어떻게 설득하란 말입니까?"

얼마 전 퇴직 예정자를 대상으로 강의를 한 적이 있는데, 강의가 끝나자 수강자 한 분이 회사 측에 항의 섞인 말투로 한 말입니다. 정말 그렇겠다는 생각이 들었습니다. 100세 시대의 후반 인생을 퇴직 직전부터 준비하기 시작하면 너무 늦으니까요.

제대로 대비하려면 적어도 40대에는 시작해야 합니다.

무엇보다, 일찍 시작할수록 준비하기가 쉬워집니다. 인생 후반을 좌우하는 다섯 가지 리스크, 즉 장수 리스크, 건강 리스크, 자녀 리스크, 자산구조 리스크, 저금리 리스크에 종합적으로 대응하려면 오랜 기간이 필요하기 때문입니다. 이 모든 리스크를 단기간에 대비하는 건 불가능하다고 봐야 하죠.

그래서 우리보다 앞서 고령 사회를 경험한 선진국의 직장인들은 30~40대부터 후반 인생을 염두에 둔 생애설계와 자산관리를 시작합니다. 국내에서도 마찬가지입니다. 직장인들의 인생설계에 대한 인식이 크게 바뀌고 있습니다. 저는 10여 년 전에 '100세 시대의 노후설계' 관련 교육 활동을 시작했는데요. 초기에만 해도 수강생이 대부분 50~60대로, 퇴직을 앞두고 있거나 이미 퇴직한 분들이었습니다. 많은 사람이 노후설계에 대한 교육이라면 당연히 이런 분들에게 필요한 내용일 거라고 생각했던 것 같습니다. 하지만 지금은 수강생 구성이 눈에 띄게 바뀌었습니다. 30~40대의 비중이 늘었고, 심지어는 20대 직장인이나 대학생을 만날 때도 있습니다. 야간 교육이나 주말 교육 같은 경우에는 30~40대 부부가 같이 와서 듣는 사례도 늘고 있습니다. 미리미리 시작해야만 한다는 인식이 확산되고 있기 때문일 것입니다.

오십부터는 노후 걱정 없이 살아야 한다

10여 년에 걸쳐 노후설계를 주제로 강의를 해오면서 이 내용을 더 많은 사람에게 알려야겠다는 생각이 들었습니다. 인식이 바뀌고 있다고는 하지만, 당장의 생활에 쫓기느라 노후를 먼 훗날의 일로 여기는 사람이 여전히 많기 때문입니다. 그래서 강의 내용을 집약하여 책을 쓰기로 했습니다. 강의를 하면 참석한 사람만 들을 수 있지만, 책으로 만들어놓으면 남편분도 읽고 아내분도 읽고 자녀들도 읽지 않겠습니까.

이 책에서는 퇴직 전후에 있는 분들은 물론, 30~40대부터 후반 인생을 염두에 두고 생애설계와 자산관리를 시작하려는 분들께 저자 나름의 준비 방법을 제시합니다.

- 제1장 '저성장, 결핍의 시대가 오고 있다'에서는 과거의 고성장 마인드, 고성장 체질에서 벗어나기 위해 어떤 노력을 해야 할 것인가를 다뤘습니다.
- 제2장 '자녀가 노후 대책이 될 수 있을까'에서는 자녀들의 장래를 위해서나 부모들의 노후를 대비하기 위해 어떻게 하면 자녀 관련 비용을 줄이고 자녀들에게 올바른 자립 교육을 할 수 있을지를 이야기했습니다.
- 제3장 '가장 확실한 노후 대비는 평생현역'에서는 저성장·저금리·고령화 시대에 일이 얼마나 큰 중요성을 갖는지

를 살펴보고, 저마다의 분야에서 평생현역을 실천하는 사람들을 만나봤습니다.

- 제4장 '100세 시대 자산관리, 이것만은 기억하자'에서는 부동산에 편중된 가계 자산의 구조와 부동산시장의 장기 수급 전망 등을 고려하여 부동산자산의 관리 전략을 소개했습니다.

- 제5장 '저금리 시대의 금융자산 운용'에서는 지금과 같은 저금리 시대에 원금 손실 리스크가 따르는 투자형 금융자산을 활용하여 노후를 대비하는 자산을 어떻게 형성해 나가야 할지를 살펴봤습니다.

- 제6장 '재테크보다 더 중요한 3층연금'에서는 100세 시대의 노후설계와 3층연금의 중요성을 살펴보고, 직장인이 퇴직연금 백만장자의 꿈을 이루기 위해 DC형 퇴직연금을 어떻게 운용해야 할지를 논의했습니다.

제1장부터 제4장까지의 집필과 책 전체의 감수는 강창희가 맡았고, 제5장과 제6장의 집필과 책 전체의 도표 작성은 고재량이 담당했습니다. 각 장에서는 우선 현재 우리가 어떤 상황에 있는지를 짚고, 자신의 형편과 기대에 따라 어떤 방향을 잡아나갈지를 다양한 각도에서 모색하여 유용한 실천 방안들을 제시했

습니다. 독자님들께서 이 책을 읽고, 100세 시대의 생애설계와 자산관리를 해나가는 데 조그만 아이디어라도 얻으실 수 있다면 저희로서는 더없는 영광이겠습니다.

이 자리를 빌려 7년 전에 '연금포럼'이라는 사회공헌조직을 만들어 연금교육, 노후설계 교육 활동을 할 수 있도록 배려해준 트러스톤자산운용에 감사드립니다. 트러스톤자산운용이 수익성이 따르지 않는 이런 활동을 할 수 있도록 여건을 만들어주었기 때문에 이 책에 담긴 콘텐츠가 탄생할 수 있었습니다.

끝으로, 지금과 같은 출판 불황 시기에 이 책의 출판을 결정해주신 포레스트북스의 김선준 대표님과 책 집필을 결심할 수 있도록 용기를 주고 세세한 부분까지 도와주신 마수미 팀장님께 깊이 감사드립니다.

차례

제5장 — 저금리 시대의 금융자산 운용

제6장 → 재테크보다 더 중요한 3층연금

제1장

저성장,
결핍의 시대가
오고 있다

생애설계의 발목을 잡는
세 가지 착각

"100살까지 산다는데 노후 자금은 얼마나 있어야 합니까? 10억 있어야 합니까? 7억 있어야 합니까?"

노후설계를 주제로 강의를 하러 갈 때마다 가장 많이 나오는 질문입니다. 사실 10억 원, 7억 원을 모으는 것도 쉬운 일은 아니죠. 그런데 그만큼을 모았다고 하더라도 생애설계, 노후설계의 발목을 잡는 세 가지 착각에 빠지면 아무런 의미가 없습니다. 반대로, 몇억이 없다고 하더라도 착각에 빠지지 않고 미리미리 준비만 잘하면 얼마든지 행복한 노후를 맞을 수 있습니다.

그 세 가지 착각이란 무엇일까요?

세 가지 착각

첫 번째, 많은 분이 인생에 80 이후는 없는 것으로 알고 있다는 것입니다. 노후 계획을 어느 정도 세워놓았다는 분들을 보더라도 80세 이후를 생각하는 사람은 거의 보지 못했습니다. 그런데 혹시 '재수 없으면 120살까지 산다'라는 말을 들어본 적 없으십니까? 우스갯소리이긴 하지만 120살까지 무엇을 하고, 무엇을 먹고 살 것인지 생각해보면 끔찍합니다.

두 번째, 죽음이라고 하는 것이 어느 날 갑자기 조용히 오는 것으로 알고 있다는 겁니다. 하지만 그렇지 않죠. 저희 어머니는 3년 전에 향년 92세로 돌아가셨습니다. 돌아가시기 전에 3년 정도 앓으셨고요. 많은 사람이 100살 가까이 살면서 짧게는 2~3년, 길게는 10년 정도를 앓으면서 돈 문제나 외로움 등으로 고생하다가 세상을 떠납니다. 저는 제 어머니를 보면서, 자기 발로 화장실만 다니다가 세상 떠나도 얼마나 좋을까 하는 생각을 한 적이 있습니다. 이것은 인간의 존엄과 관련된 문제입니다.

그다음 세 번째 착각인데, 저는 이 세 번째가 가장 큰 문제라고 생각합니다. 아직도 자녀가 자신의 노후 대책이라고 생각해서 자녀에게 있는 돈 없는 돈 다 퍼주고, 노년에 쪽방에서 사는 사람이 의외로 많습니다. 이것을 '자녀 리스크'라고 합니다. 자녀 리스크에 걸리면 돈이 몇억 원 있다고 한들 아무런 의미가 없습니다.

퇴직하고 나면 늦는다

요즈음은 퇴직 후 삶에 대해서 미리미리 생각하는 사람 많고, 일찍부터 준비에 나서는 사람도 많습니다. 제가 공무원연금공단에서 퇴직 예정인 공무원들을 대상으로 강의를 몇 번 한 적이 있습니다. 앞서도 잠깐 언급했지만, 한번은 강의가 끝나자 어떤 분이 공단 측에 다음과 같은 항의를 했다고 하더군요.

"이런 교육을 10년쯤 전에 아내와 같이 듣게 해줬어야지, 지금 혼자 와서 듣고 어쩌라는 겁니까? 내일모레 퇴직인데 언제 준비할 것이며, 집안의 권한은 아내가 다 가지고 있는데 아내를 어떻게 설득하라는 거냐고요."

공단으로부터 그 말을 전해 듣고 보니 정말 그렇겠다는 생각이 들었습니다. 퇴직하고 나면 이미 늦었다고 할 수 있습니다.

그때는 주어진 환경에 맞춰서 사는 방법밖에 없습니다. 퇴직하기 10년 또는 20년 전쯤부터 이런 문제를 생각해보고, 부부가 같이 제대로 된 교육을 받아서 공통된 인식, 소신을 갖고 미리미리 준비를 해야만 하죠. 그래서 더 많은 분들께 제 강의 내용을 소개하고 싶어서 이렇게 책을 쓰기로 한 겁니다.

노후 빈곤,
남의 일이 아니다

일본, 노후 파산 인구 200만 명

몇 년 전 일본의 국영방송 NHK에서 '노후 파산 특집'이라는 프로그램을 방송한 적이 있습니다. 이 방송이 나간 뒤 일본에선 난리가 났습니다. 그 내용이 책으로 쓰여서 우리나라에도 번역·출판됐는데, 그 책을 읽은 분들이 공포감을 느꼈다고들 하더군요.

저는 일본에서 근무를 오래 했기 때문에 일본 사정을 좀 안다고 생각했었습니다. 일본은 노인들에게는 천국이고 젊은 사람들에게는 지옥인 나라라고 생각했어요. 왜냐하면 일본의 노인들은 고도성장기에 직장 생활을 해서 60세까지는 잘릴 염려가 없었기 때문입니다. 또 경제가 한창 성장하는 시기였기에 돈을 빌려서라도 땅 사고, 집 사고, 주식을 사면 가격이 상승하여 재산을 모을 수 있었습니다. 그리고 일본은 우리보다 연금제도가 일찍 도입됐기 때문에 웬만한 직장인이면 우리 돈으로 매달 200만 원 정도는 받을 수 있었습니다. 우리 식으로 국민연금과 퇴직연금 두 개만 합치면, 교사나 공무원이 아닌 평범한 직장인도 은퇴 후 생활이 웬만큼 보장되는 거지요.

그런데 그 일본에서 65세 이상 노인 중 혼자 사는 노인, 즉 사별하거나 이혼한 뒤 자식들하고도 안 사는 독거노인이 방영 당시 기준으로 630만 명인데 그중 200만 명 정도가 노후 파산으로 비참한 삶을 살고 있다는 것입니다. 이 얘길 듣고 깜짝 놀랐습니다. 왜 이런 일이 발생하는 걸까요?

퇴직연금제도가 있는 회사에 다녔던 사람은 괜찮은데 퇴직연금제도가 없는 회사에 다녔던 사람들, 그리고 자영업 종사자, 농업 종사자들은 퇴직 후 받을 것이 국민연금 하나밖에 없기 때문입니다. 게다가 일본은 우리나라와 달라서, 국민연금의 최고 수령액이 우리 돈으로 1인당 65만 원 정도밖에 안 됩니다. 부부가 같이 있을 때는 둘이 합치면 130만 원 정도이고 여기에 부업이나 아르바이트로 어느 정도 수입을 올리면 그럭저럭 생활할 수 있습니다. 그런데 사별하거나 이혼했다면 수령액이 65만 원 정도밖에 안 되죠. 그러니까 어떤 사람은 한 달 식비를 우리 돈 10만 원으로 해결한다고 합니다. 편의점 삼각김밥 하나로 끼니를 해결하는 거예요. 일본 같은 선진국에서 말입니다.

그러다가 60이나 70세가 되어서 몸이 아프기 시작하면 노후 파산에 이르는데, 그런 사람이 200만 명 정도라는 것입니다. 현역 시절에는 꿈에도 자기가 그렇게 될지 몰랐던 사람들이 노후 파산의 당사자가 되어버리는 거예요.

'다들 집은 가지고 있을 테니 집 팔아서 살면 될 것 아닌가' 하고 생각하는 사람도 있을 것입니다. 일본의 주택 보급률은 2018년 기준 116%입니다(참고로 우리나라의 주택 보급률은 2018년 기준 104%입니다). 일본에서는 어지간하면 집을 보유하고 있다고 볼 수 있습니다. 그런데 그 집을 믿을 수가 없다는 겁니다. 우리나라도 지금 집값이 양극화되어가고 있지만, 일본도 마찬가지입니다. 일본 도쿄 인근, 그러니까 수도권에서 28평짜리 아파트에 살고 있는 제 친구 이야기를 해보겠습니다.

제 친구는 그 아파트를 1984년에 우리 돈으로 약 1억 2,000만 원에 샀습니다. 일본의 집값이 제일 비쌌을 때가 언제인지 아십니까? 1991년입니다. 1억 2,000만 원에 산 아파트가 그때

3억 6,000만 원까지 올랐습니다. 제 친구는 아직도 그 아파트에서 살고 있는데, 지금은 우리 돈으로 3,000~4,000만 원에 내놓아도 잘 안 팔린다고 합니다. 집을 팔아봤자 1년 생활비도 안 되는 겁니다.

일본 사람들은 예금을 많이 하기 때문에 예금을 헐어서 쓸 수밖에 없습니다. 문제는 옛날처럼 60~70세에 세상을 떠나면 상관없는데 100세까지 산다는 것입니다. 예금이 바닥나고 몸이 아프기 시작하면 노후 파산이 되죠. 지금 우리나라는 고령화의 초입 단계에 있기 때문에 아직은 이런 문제를 심각하게 이야기하지 않습니다. 하지만 10~15년 정도 지나서 지금의 일본처럼 초고령 사회가 되면 노후 파산 문제가 얼마나 심각해질지 생각만 해도 아찔합니다.

길어진 수명

한편으로 수명은 또 엄청나게 길어졌습니다. 2018년 기준 평균 수명이 일본은 남자 81세, 여자 87세이고, 우리나라는 남자 80세, 여자 86세입니다. 일본과 우리나라의 성별 평균수명이 불과 1년밖에 차이가 나지 않는데요. 얼마 전 신문에서 몇 년이 지나면 우리나라가 일본을 제치고 세계에서 최장수국이 된다는 기사를 읽은 적이 있습니다. 건강보험이 우리나라처럼 잘 보급된 나라가 없기 때문이라고 합니다.

몇 년 전부터 미국이나 캐나다로 이민 갔다가 돌아오는 노인 분들이 늘고 있는데, 왜 돌아왔냐고 물어보면 건강보험 때문이라는 분이 많습니다. 캐나다는 의료비가 거의 무료에 가까운데, 문제는 순서가 안 온다는 겁니다. 이른바 '빽'도 안 통한다고 해요. 그래서 캐나다에서는 농담으로 '기다리다 죽는다'고 한답니다. 미국은 오바마 전 대통령이 건강보험을 전국적으로 시행하려다가 하지 못했습니다. 그래서 재미교포 중에는 건강보험 없는 사람이 많습니다. 건강보험 없는 사람은 맹장 수술 하나 받는데에도 3,000~4,000만 원이 든다고 합니다. 미국에서는 진담 같은 농담으로 '돈이 없어서 죽는다'고 한답니다.

그런데 우리나라는 어떻습니까. 제가 얼마 전에 다리에 통풍이 와서 병원에 갔더니 진료비가 1,500원 나왔습니다. 5일 치 처방전을 받아서 약국에 갔더니 약값이 1,000원 나왔습니다. 왜 이렇게 싸냐고 물어봤더니 65세 이상은 보험 혜택이 커서 그렇대요. 그 덕에 우리가 세계에서 제일 오래 산다는 겁니다. 좋은 것인지 나쁜 것인지 잘 모르겠습니다.

고려대학교의 박유성 교수가 연령대별 100세 쇼크 도달 가능성이라는 연구 결과를 발표했습니다(표 1-1). 1970년생의 경우 남자는 7명 중 1명, 여자는 6명 중 1명이 100세를 돌파한다는 겁니다. 또 중위 사망 연령은 남자가 90세, 여자가 93세라고 합니다.

표 1-1 ··· 연령대별 100세 쇼크 도달 가능성

(단위: %, 세)

출생연도		100세 생존 확률	중위 사망 연령
1950	남	5.2	86
	여	8.2	90
1960	남	8.8	88
	여	12.0	91
1970	남	13.8	90
	여	16.6	93
1980	남	20.2	92
	여	21.9	94
1990	남	27.5	95
	여	27.6	96

자료: 고려대학교 박유성 교수 추계(2020)

　　이처럼 평균수명이 늘어나는 것도 노후 빈곤의 가능성을 높일 수 있습니다. 아시다시피 나이를 먹을수록 몸 여기저기가 아프기 십상이고, 아무리 건강보험이 잘되어 있다지만 병원비와 약값을 대느라 허덕이게 되기 때문입니다.

노후의 질병

노후에 병이 나서 큰돈이 들지 않게 하려면, 무엇보다 건강관리를 잘해야 합니다. 지난 십수 년 경험해보니, 나이 들어 아프면 장난이 아니더군요. 저희 부부는 지난 십수 년 사이에 둘 다 암에 걸렸습니다.

저는 회사에서 받은 신체검사에서 신장암이 발견됐습니다. 그런데 다행히 신장, 즉 콩팥은 두 개이기 때문에 하나 절제해도 사는 데 지장이 없다더군요. 그래서 하나를 절제했습니다. 그러고 나서 몇 년이 지나 전립선암에 걸려서 또 수술을 받았습니다. 그렇게 두 번 수술을 받았지만 항암치료, 방사선치료를 하지 않은 덕분에 활동하는 데에는 지장이 없습니다. 그런데 제 아내는 직장암에 걸려 수술을 받고 항암치료, 방사선치료도 받았습니다. 이것이 폐로 전이가 되어서 또 수술하고 항암치료를 받았습니다. 엄청나게 고생했고 지금도 고생을 좀 하고 있습니다. 그래도 부부가 같이 있을 때 아파서 다행이지, 혼자 있을 때 아프면 어떻게 할까 하는 생각이 듭니다.

나이 40이 넘으면 건강에 특별히 신경을 써야 합니다. 문제는 조심을 해도 아플 수가 있다는 겁니다. 제 선배 한 분은 고등학교 때는 레슬링 선수, 대학 때는 미식축구 선수까지 할 정도로 건강한 분이었는데 얼마 전에 뇌출혈로 쓰러지셨습니다. 암, 심혈관 질환 등 언제 어떤 병이 올지 알 수가 없는 겁니다. 그래서 건강에 유의하면서 또 한 가지 준비해둘 것이 있습니다. 60세 되기 전에 특수질병보험을 하나 가입해두는 겁니다.

벌써 오래된 일인데, 하루는 집에 가니까 제 아내가 어느 보험설계사의 설득에 넘어가 암보험을 들었다는 겁니다. 저는 "암이라는 건 팔자 소관인데 그런 보험을 왜 들었어?"라면서 웃고 넘어갔습니다. 그런데 부부가 모두 암에 걸린 겁니다. 그 보험을 안 들었으면 어쩔 뻔했나요. 보험은 나이가 많아질수록 들기가 어렵고 보험료도 비싸집니다. 젊을 때 간단한 것 하나라도 들어두는 것이 좋다고 생각합니다.

미국, 일본에서 퇴직자들에게 '퇴직 후 생활비가 줄었습니까?'라고 물어봤습니다. 안 줄었다는 대답이 30~40%였습니다. 왜 안 줄었느냐고 물어봤더니 병원비, 간병비 때문이라는 것이었습니다. 또 일본 내각부에서 주요국의 60세 이상 고령자를 대상으로 설문조사를 한 적이 있습니다. '당신은 지금 건강하십니까?'라고 물었더니 미국·일본 등 선진국에서는 건강하다는 대답이 60~70%를 차지했습니다. 그런데 한국의 노인분들은 건강하다는 대답이 40%밖에 되지 않았습니다. 우리가 훨씬 험한 인생을 살았기 때문에 그럴지도 모르겠습니다.

결론은 평소 건강관리에 신경 쓰고, 언제 아플지 그리고 치료비가 얼마나 들지 모르는 건강 리스크는 재테크가 아니라 보험으로 대응해야 한다는 것입니다.

홀로 사는 노후가
보편화되고 있다

앞에서 일본의 노후 파산 이야기를 하면서 노후에 혼자가 되면 파산의 가능성이 커진다는 말씀을 드렸습니다. 그런데 우리나라에는 일본보다 더 빠른 속도로 싱글의 시대가 오고 있습니다. 실제로 주변을 봐도 홀로 사는 노인분들이 드물지 않지요? 혼자 사는 노후가 보편화되고 있는 것입니다.

혼자 사는 인구가 늘고 있다

〈그림 1-1〉에서 볼 수 있듯이, 2018년에 우리나라 부부 중에서 부인이 먼저 떠나고 혼자 남게 된 남편이 2만 9,600명이었습니다. 그리고 남편이 먼저 떠나고 혼자 된 부인은 9만 9,000명이었습니다. 부부 중에서 남편이 먼저 떠나는 경우가 훨씬 많은 겁니다. 남성들은 아내가 먼저 떠난 뒤에 혼자 남아서 9~10년쯤 살다가 세상을 떠나는데, 여성들은 남편과 사별 후 15~16년을 혼자 살아야 한다고 합니다. 그게 싫다면 어떻게 하면 될까요? 연하의 남자와 결혼하면 됩니다.

그래서 그런지 몰라도 2020년에 결혼한(초혼 기준) 100쌍 중에

그림 1-1 ··· 배우자와 사별한 고령자 현황

자료: 통계청

서 19쌍이 남자의 나이가 더 적은 커플이라고 합니다. 요즘 젊은 여성들은 다 생각이 있는 거죠. 저는 미혼 여성들에게 농담 반 진담 반으로 남편은 회사에서 고르지 말고 고등학교 앞에 가서 고르라고 이야기합니다. 그래야 노후에 혼자 사는 기간을 줄일 수 있으니까요. 아니면 혼자 살 준비를 단단히 하는 수밖에 없습니다.

요즘은 또 돌아온 싱글, 일명 '돌싱'이 유행입니다. 결혼했다가 이혼한 사례가 1970년대만 해도 연평균 1만 5,000건 정도였는데 2019년에는 11만 800건으로 엄청나게 늘었습니다(표 1-2). 옛날에 어머니 세대는 결혼 생활에 실망하더라도 팔자라고 생각하고 희망을 버렸는데, 요즈음 여성들은 결혼 생활에 실망하면 남편을 버린다고 합니다. 예전에는 결혼 후 4년 이내, 즉 신혼 때 이혼하는 비율이 가장 높았습니다. 그런데 지금은 결혼한

표 1-2 ··· 증가 추세인 중년·황혼이혼

이혼 커플 수	1970년대 연평균 15,000건 → 1980년대 34,000건 → 2019년 110,800건
전체 이혼 건수 중 결혼 기간 20년 이상 된 커플의 비율	1990년 5% → 2020년 37%
혼자 사는 노인 인구(65세 이상)	- 일본: 702만 명(전체 노인의 19.4%, 2020년) - 한국: 159만명(전체 노인의 19.6%, 2020년)

자료: 한국 통계청, 일본 통계국 「고령자 통계」

지 20년 이상 된 부부의 이혼, 이른바 '중년이혼', '황혼이혼'의 비율이 늘고 있습니다. 1990년도만 해도 5%밖에 안 됐는데 2020년에는 무려 37%입니다. 혼인 기간별로 볼 때 현재 비율이 제일 높은 유형이 중년이혼, 황혼이혼입니다. 앞으로는 이것을 조심해야 합니다.

중년이혼이나 황혼이혼을 한 사람 중에는 지긋지긋해서 그냥 혼자 살겠다는 이들이 많을 것입니다. 그래서 일본은 2020년 말 현재 65세 이상 노인 중에서 혼자 사는 사람이 702만 명으로, 전체 노인 인구의 19.4%에 해당합니다. 우리나라는 혼자 사는 노인의 숫자가 일본보다는 적어서 159만 명 정도입니다. 일본 인구는 우리의 2.4배이고, 노인 비율은 우리나라의 2배에 가깝습니다. 따라서 우리나라의 혼자 사는 노인 숫자는 일본보다 적지만, 전체 노인 인구 중에서 차지하는 비율은 19.6%로 일본과 비슷합니다. 5명 중 1명이 혼자 사는 겁니다.

2021년 6월 기준 우리나라 전체 인구 중에서 65세 이상 노인 인구의 비율은 16.7%이고, 일본은 2021년 7월 기준 29.0%입니다. 잘나가던 일본이 지금까지 20년 넘게 맥을 못 춘 이유 중 하나가 노인 비율이 높아서이기도 합니다. 그런데 우리나라도 앞으로 십수 년이 지나면 지금 일본 수준으로 초고령 사회가 될 겁니다. 그때 우리나라는 혼자 사는 노인의 숫자가 얼마나 많아질까요?

제1장: 저성장, 결핍의 시대가 오고 있다

증가하는 생애미혼율

요즘 젊은 분들 중에는 결혼을 안 하는 사람이 늘고 있는데요. 50세까지 한 번도 결혼한 적이 없는 사람을 생애미혼 또는 평생미혼이라고 합니다. 생애미혼율이 1980년도만 해도 남자 0.4%, 여자 0.3%였습니다. 결혼 안 한 사람이 거의 없었던 거죠. 그런데 2015년의 생애미혼율은 남자 10.9%, 여자 5%입니다. 5년마다 이 통계를 발표하는데, 곧 발표될 2020년 통계에서는 이 수치가 훨씬 더 높아졌을 겁니다.

표 1-3 ··· 증가 추세인 생애미혼율

(단위: %)

구분		1980	2005	2015	2025(추정)	2035(추정)
한국	남	0.4	3.5	10.9	20.7	30
	여	0.3	2.1	5.0	12.3	20
일본	남	-	16	23.5	27.4	30
	여	-	7.3	14.7	18.9	20

※ 2020년 현재 일본의 생애미혼율: 남 26.7%, 여 17.5%
자료: 한국 통계청, 일본 국립인구문제연구소

더 놀라운 것은 일본입니다. 2020년 현재 일본 남자의 26.7%, 거의 3명 중 1명이 생애미혼입니다. 여자는 17.5%, 즉 6명 중 1명이 50세까지 결혼을 한 번도 안 한 사람입니다. 문제는 우리나라의 생애미혼율이 일본을 열심히 따라가고 있다는 것입니다. 2035년이 되면 우리나라와 일본이 똑같이 남자 30%, 여자 20%의 생애미혼율을 보일 것이라고 합니다. 내 아들딸이 이 비율 안에 들어갈 수 있다고 보면 어떤 생각이 드십니까?

그렇다면, 옛날 베이비붐 세대는 왜 다들 결혼을 했을까요? 결혼을 하면 부모 밑에 있을 때보다 좋아질 확률이 높았기 때문입니다. 한방에서 형제들과 우글우글 같이 살다가, 결혼하면 셋방살이를 하더라도 단둘이 살면서 훨씬 더 쾌적하게 지낼 수 있었습니다. 그렇지만 요즈음 젊은 사람들은 결혼해서 부모 밑에 있을 때보다 좋아질 확률이 거의 없습니다. 부잣집 도련님 하다가 가난한 집의 가장으로 가라면 가고 싶겠습니까? 그러니까 나중에 후회하지 않으려면 자녀가 고등학교를 졸업하자마자 무조건 집에서 내보내 불편하게 만들어야 합니다.

결론은, 무언가 특단의 조치가 없는 한 이 싱글의 시대를 막을 수 없게 됐다는 겁니다. 가족이 해체되는 거예요. 시골에 가보면 마을회관에 노인분들이 모여 살지 않습니까? 그리고 직장에서 만난 사람, 취미가 같은 사람이 오히려 가족보다도 더 가깝게 느껴지죠. 새로운 유연사회가 형성되고 있는 겁니다. 나중에 나이 들면 1년에 한두 번 만날까 말까 한 자녀들보다 회사 친구, 동네 친구들이 훨씬 더 소중해질지도 모릅니다. 그러니 서로 까

칠하게 대하지 말고 친하게 지내야 합니다.

1인 가구 비율 32%

지금 우리나라는 2020년 말 현재 인구가 5,200만 명이고 가구 수가 2,096만입니다. 그중 젊은 사람이 혼자 사는 가구, 독거노인 가구를 합쳐서 1인 가구 비율이 벌써 32%에 달합니다. 가구원 수로 분류했을 때 가장 높은 비율을 차지합니다. 그런데 유럽으로 가면 이 비율이 훨씬 높습니다. 스웨덴은 전국 평균이 57%이고, 수도 스톡홀름으로 한정하면 60%가 넘는다고 합니다. 정말 많은 사람이 그냥 혼자 사는 겁니다.

그러면 스웨덴은 우리보다도 우울하고 불행한 나라일까요? 아닙니다. 스웨덴은 세계에서 일곱 번째로 행복한 나라라고 합니다. 왜 그럴까요?

우선, 연금이 발달해서 혼자 살더라도 먹고살 걱정이 없기 때문입니다. 또 혼자 살더라도 외롭지 않도록 지역사회, 새로운 유연사회에서 행복을 찾는 방법을 미리미리 준비했기 때문이기도 합니다. 우리나라도 점점 홀로 사는 삶이 보편화되고 있는 만큼, 나는 어떻게 대응할 것인가를 심각하게 생각해보고 대책을

표 1-4 ⋯ 보편화되어가는 '홀로 사는 삶'

■ 한국의 1인 가구 증가 추이

(단위: 만 가구, %)

연도	1980	2000	2010	2020	2045(추정)
가구 수	797	1,431	1,734	2,096	2,232
1인 가구	38	222	414	664	810
비율	5	16	24	32	36

■ 주요국의 1인 가구 비율

(단위: %)

구분	한국(2020)	일본(2018)	스웨덴(2018)	미국(2018)
전국	32	35	57	28
수도	34	-	60	46

자료: 한국 통계청, 일본 국세조사, 스웨덴 유로모니터, 미국 인구조사국

세워야 할 것입니다.

　십수 년 전에 일본에서 서점에 갔는데, 싱글의 시대에 관한 책들이 쫙 깔려 있는 것을 보고 놀란 적이 있습니다. 그때만 해도 정말 별별 책이 다 있다는 생각을 했습니다. 그런데 이것이 이제는 비단 일본만의 이야기가 아닙니다. 얼마 전에 책을 한 권 써서 책이 잘 팔리는지 확인하려고 시내 대형 서점에 가봤습니다. 한쪽에 '화제의 책'이라는 코너가 있었는데, 거기에 혼자 사는 삶에 대한 책 20권이 진열되어 있는 거예요. 정말 깜짝 놀랐습니다. '혼자 사는 노후 어떻게 대비할 것인가', '혼자 사는 노후

두럽지 않다', '혼자 사는 노후 즐겁게 사는 방법' 같은 제목들이 었는데, 정말 희한한 제목 하나를 발견했습니다. 『여자의 활로, 남자의 말로女の活路男の末路』였습니다. 그러니까 남자분들, 아내한테 잘하서야 합니다.

부부가 같이 살다가 나이가 들어서 부인이 먼저 세상을 떠나면 남편은 갑자기 심약해진답니다. 그래서 3년 이내에 사망할 확률이 높다고 합니다. 부인이 세상을 떠났는데도 10년 넘게 사는 남편은 아주 독한 남자라고 합니다. 그런데 반대로 여자들은 같이 살다가 남편이 먼저 세상을 떠나면 의리상 한 달 슬프답니다. 그다음부터는 오히려 귀찮은 존재가 없어져서 홀가분하니 15년 이상 산다고 합니다. 남자든 여자든, 이제부터라도 혼자 사는 노후를 어떻게 대비할 것인지 생각해봐야 합니다.

혼자 사는 노후를 대비하자

───────◆───────

홀로 남았을 때, 무엇이 필요할까요? 우선 연금이 있어야 합니다. 기본적으로 먹고사는 문제가 해결되어야 하기 때문입니다. 그다음은 보험입니다. 젊을 때 건강하던 친구들도 60이 넘어가면서 암, 심혈관 질환 등에 걸리는 걸 보면 깜짝 놀랄 수밖에 없습니다. 그러니 환갑 되기 전에 특수질병보험 하나는 들어놓아야 합니다. 이미 건강보험은 있으니까 여기에 추가로 하나 더 들어두는 겁니다. 그러고 나서 해야 할 일은 새로운 유연사회에서 행복을 찾는 방법을 미리미리 익히는 것입니다.

또한 대부분 가정에서 남편 중심의 노후 준비를 하는데, 혼자 남아 10년 넘게 살아야 하는 아내를 배려한 노후 준비가 필요합니다.

표 1-5 ⋯ 홀로 사는 노후 어떻게 대비할 것인가

■ 연금·보험의 준비
■ 새로운 유연사회에서 행복을 찾을 방법의 준비
■ 남편 중심의 노후 준비 → 혼자 남는 아내를 배려한 노후 준비
■ 주거 형태의 합리적 선택
■ 가족의 회복: 3세대 동거, 그룹리빙 등

좀 오래된 사례를 하나 소개하겠습니다. 전라남도 광주에서 유명한 변호사 한 분이 80대 중반에 돌아가셨습니다. 이분은 아침 식사 잘 하시고, 동네 다방에 가서 담소를 나눈 뒤, 집에 돌아와서 벽에 기대 "아, 피곤하다" 하고는 돌아가셨습니다. 얼마나 행복하게 돌아가신 겁니까.

옛날에는 변호사가 사망하고 나면 수임료로 여기저기 땅 받

은 것도 있고 해서 자녀들이 재산 상속 문제로 싸우는 일이 많았습니다. 그런데 그분은 돌아가신 뒤에 봤더니 본인 명의로 되어 있는 게 전화기 한 대밖에 없더라는 것입니다. 아예 싸울 일이 없게 만들어놓은 거예요. 그리고 월세를 받는 부동산이 있는데, 소유권은 자녀에게 주되 사용권은 부인에게 드렸습니다. 즉, 부인이 세상을 떠날 때까지 월세는 부인 것이라는 뜻입니다. 이런 식으로 아내를 배려한 노후 준비가 필요합니다.

저출산, 저성장,
고령화의 시대

세계은행World Bank이 구매력, 즉 물가를 기준으로 2019년의 각국 1인당 국민소득을 계산해서 발표했는데, 우리나라는 4만 3,500 달러였습니다. 영국, 프랑스가 우리보다 약간 많거나 비슷하고 일본, 스페인, 이탈리아는 선진국인데 우리보다 적었습니다. 이것이 무엇을 뜻할까요? 앞으로 엄청나게 노력하지 않는 한, 우리나라는 좋아질 가능성보다 제자리이거나 나빠질 가능성이 더 크다는 것입니다.

저성장의 큰 원인, 저출산

우리나라는 1970년대, 1980년대 그리고 1990년대 초까지만 해도 매년 두 자릿수의 경제성장을 했습니다. 30년 넘게 작년보다 올해가 좋아지고, 올해보다 내년이 좋아지는 세월을 살아온 것입니다. 그래서 베이비붐 세대에게는 고성장 마인드, 고성장 체질이 몸에 딱 박혀 있죠. 그런데 몇 년 전부터 4%, 3%, 2%로 내려왔고, 특히 2020년에는 코로나 때문에 마이너스 성장률을 기록했습니다. 코로나 사태가 아니더라도 조만간 우리나라는 저성장, 결핍의 시대로 진입할 가능성이 매우 큽니다. 나는, 내 가족은 어떻게 해야 할 것인지 생각해보아야 합니다.

그동안 우리나라는 어떻게 30년이 넘도록 세계적으로 유례없는 폭발적인 경제성장을 이룰 수 있었을까요? 아시다시피, 경제가 성장하려면 노동인구가 늘어나야 합니다. 한마디로, 애를 많이 낳아야 합니다. 그리고 일을 열심히 해서 생산성이 높아져야 합니다.

여기서는 노동인구 하나만 가지고 이야기해보겠습니다. 〈표 1-6〉은 우리나라의 합계출산율 변화 추이를 나타낸 것입니다. 베이비붐 세대의 핵심인 1955~1960년생을 보시기 바랍니다. 어떻게 둘이 만나서 6.3명을 낳았을까요? 이때는 전국의 전기 보급률이 20%가 채 안 됐습니다. 제 시골 고향 집도 1965년도에 가서야 전기가 들어왔으니까요. 어쩌면 전기도 안 들어오고, 저녁에 마땅한 오락거리도 없어서 출산율이 이렇게 높았는지도 모르겠습니다. 아무튼, 이때 출생한 사람들이 노동 현장에 투입되고 소비의 주체가 되면서 우리나라가 폭발적인 성장을 할 수 있었던 것입니다.

표 1-6 … 한국의 합계출산율 변화 추이

(단위: 명)

구분	1955~1960	1983	2005	2015	2019	2020
합계출산율	6.3	2.06	1.08	1.24	0.92	0.84

자료: 통계청

그런데 2020년 합계출산율은 0.84명입니다. 둘이 만나서 1명도 안 낳은 셈입니다. 정말 큰일입니다. 이유가 어디에 있는 걸까요?

우선 결혼 연령이 늦어지고 있습니다. 제가 2019년 가을에 주례를 서준 적이 있습니다. 신랑 신부가 와서 인사를 하는데, 신부가 말하기를 친구들이 자기에게 "너 왜 이렇게 빨리 시집가니?"라고 묻는다는 것입니다. 서른한 살인데 말이죠. 제 아내는 스물두 살에 시집와서 쉰 살에 할머니가 됐습니다. 그러니 지금은 얼마나 늦어진 겁니까.

결혼 연령이 늦어지면, 당연히 아이를 낳는 연령도 늦어지죠. 주요국 중에서 우리나라의 초산 연령이 31.6세로 제일 높습니다(그림 1-2). 그래도 많이 낳기만 하면 좋겠는데, 〈표 1-7〉에서 볼 수 있는 것처럼 1명으로 끝내겠다는 응답이 45%, 1명도 안 낳겠다는 응답이 22%입니다.

그림 1-2 ··· OECD 주요국의 평균 초산 연령

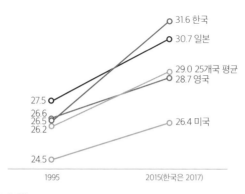

자료: OECD, 통계청

표 1-7 ··· 출산 기피 현상 관련 설문조사 결과

■ 자녀 1명으로 끝내겠다: 44.7%

■ 아이를 낳지 않겠다: 2003년 15% → 2017년 22%

■ 아이 낳기를 포기한 이유는?
 - 육아 및 교육비 부담
 - 양육의 어려움
 - 직장·사회생활을 위해

자료: 《조선일보》, 한국갤럽

오십부터는 노후 걱정 없이 살아야 한다

세계에서 가장 빠른 고령화 속도

이대로 가면 어떤 문제가 생길까요? 인구학자 조영태 교수의 예측에 따르면, 2035년에는 우리나라 여성 3명 중 1명이 65세 이상 할머니가 됩니다. 할머니 대국이 되는 거예요. 2040년이 되면 인구 4명 중 1명이 75세 이상 초고령자가 됩니다. 이것이 문제입니다. 물론 우리나라만이 아니라 일본, 미국, 유럽도 다 인구 고령화를 겪고 있습니다. 하지만 우리나라는 고령화 속도가 너무나 빠릅니다.

속도라는 면에서 보면, 프랑스에서 155년 동안에 진행된 일이 일본에서는 35년 동안에 진행됐습니다. 4배 이상의 속도입니다. 그래서 일본 사람들이 적응을 하지 못하고 지난 20년 넘게 저 고생을 해온 것입니다. 그런데 우리나라는 일본도 저리 가라입니다. 고령화 사회에서 초고령 사회로 넘어가는 데 25년밖에 안 걸릴 거라고 합니다.

프랑스 같은 나라는 155년에 걸쳐 고령화가 진행됐으니 서서히 적응해갈 시간이 있었습니다. 하지만 우리나라는 25년 동안 총알같이 적응해야만 합니다. 과거에 상식으로 여겼던 것, 일테면 주택에 관한 생각, 자녀의 결혼에 관한 생각, 자신의 노후에 관한 생각을 빨리빨리 180도 바꿔야 합니다.

예를 들어 장묘문화를 한번 생각해볼까요? 1988년에 제가 도쿄에서 근무를 하다가 아버지께서 돌아가셔서 갑자기 귀국했습니다. 산소 자리를 구할 수가 없었습니다. 벽제에 갔더니 북향에 절벽 같은 곳밖에 없었습니다. 다행스럽게 천안에 아는 분이 계셔서 어렵게 거기에 모셨습니다. 당시는 우리나라의 화장률이 15%였습니다(일본은 100% 화장이었습니다). 저는 그때 '이러다가 우리나라 삼천리강산이 무덤으로 덮이겠구나' 하는 걱정을 했습니다. 그런데 그로부터 10년 후인 1998년에 SK그룹의 최종현 회장님이 돌아가셨을 때 화장을 했습니다. 그것이 영향을 미쳤는지는 모르겠지만 그해 말 우리나라의 화장률은 25%로 늘어났습니다. 2018년에 LG그룹의 구본무 회장님이 돌아가셨을 때 수목장을 했습니다. 이것도 영향을 미쳤는지 모르겠지만, 우리나라의 화장률이 지금은 몇 퍼센트인지 아십니까? 2019년 기준 88%라고 합니다. 이렇게 빠른 속도로 바뀔 줄은 상상도 못 했습니다. 지금은 산소 자리가 없어서 고생하는 것이 아니라 화장장이 없어서 고생하는 시대입니다.

세상의 모든 측면이 이렇게 순식간에 바뀔 수 있습니다. 이걸 고려하지 않고 기존의 사고방식에 갇혀 있으면, 남보다 뒤처지는 게 문제가 아니라 인생의 굵직한 사안에서 큰 어려움을 겪게 됩니다.

'절약'에 대한 생각

세상의 변화에 맞추어 우리도 빨리 변화해야 하는데, 그중에서도 가정 경제 측면에서 가장 빨리 바꿔야 할 것이 바로 '절약'에 대한 생각입니다. 제가 강연을 하러 가서 절약을 이야기하면 많은 분이 어이없다는 표정을 짓습니다. '재테크 관련 강좌라고 해서 혹시 기발한 종목이나 하나 찍어주지 않을까 기대하고 왔더니, 겨우 한다는 말이 절약하라고? 세상에 그걸 모르는 사람이 어디 있어?'라는 거죠.

그런데 과연 우리는 절약을 제대로 이해하고, 제대로 실천하면서 살고 있을까요? 지난 30~40년 동안 우리 사회는 고성장 시대, 아주 특별한 시대를 지나왔습니다. 그래서인지 우리 나름대로는 아낀다고 생각하지만 선진국 사람들이 보면 낭비 요인, 거품 요인이 너무나 많다고들 합니다.

재미교포가 성공해서 한국 회사의 사장으로 발령받아 서울에 왔는데, 몇 달을 살고 나서 이런 이야기를 하더군요. 서울은 세계에서 아주 드물게 대중교통이 발달한 도시라는 걸 실감했다면서, 그런데 사람들은 고작 1km를 가면서 자동차를 끌고 가더라는 겁니다. 그것만이 아닙니다. 꼭 필요하지 않은데도 자동차를 사고, 자녀 교육이나 결혼, 경조사 등에도 너무 많은 돈을 쓴다는 겁니다.

《조선일보》 2013년 8월 31일 자 'Why?' 섹션에 게재된 '결핍의 시대에 대비해 어떤 무기 준비하나요?'라는 제목의 의미 있는 논설문을 읽은 적이 있습니다.

"결핍은 '있어야 할 것이 없어지거나 모자란 상황'을 말합니다. 고도성장 시대에는 이 '있어야 할 것'의 기준이 높아도 괜찮았습니다. 성취할 기회가 많았으니까요. 하지만 성취의 기회가 적고 평준화하는 저성장 시대에는 '있어야 할 것'의 기준이 높을수록, 좌절하고 불행해질 확률이 높아집니다. 그래서 요즘 생각이 있는 부모들은 다른 것보다도 자기 애들에게 '결핍'에 적응하는 방식을 가르치고 있다고 합니다."

제가 3년 전에 어느 모임에 갔는데 유명한 교수님이 제 옆에 앉아 있었습니다. 그분의 외동딸이 그해 봄에 대학을 졸업했는데 그때까지 취업을 못 했다는 것입니다. 괜찮은 대학을 졸업했으니 교수님의 인지도를 이용해 어디 한 번만 부탁하면 안 될 것도 없는데, "어떻게 해서든 네 힘으로 들어가라"라고 하셨다고 합니다. 딸이 용돈이 궁한 것 같은데, 돈도 있고 주고 싶은 마음도 굴뚝 같지만 참고 참는다는 것이었습니다. 결핍에 적응하는 방식을 가르치기 위해서 말이죠.

한 달에 10만 원 쓰던 사람이 9만 원을 쓰면 10% 절약한 겁니다. 고성장, 고금리 시대에는 '그까짓 것 주식 사서, 부동산 사서 수익 내면 되는 거지'라고 생각할 수도 있습니다. 그러나 저성장, 저금리 시대에는 이런 일들이 마음대로 되지 않습니다. 그에 비해 절약은 마음만 먹으면 얼마든지 할 수 있지 않습니까?

십수 년 전 일본의 서점에 갔는데요, 절약에 관한 책들이 쫙 깔려 있는 걸 보고 '돈 버는 방법을 가르쳐주는 책은 없고 쪼잔하게 웬 절약이야?' 이런 생각을 했습니다. 그런데 지금 시내 서점에 한번 들러보세요. 우리나라 서점에도 『여자의 습관』, 『우아하게 가난해지는 법』, 『초절약 살림법』 등 절약을 이야기하는 책들이 아주 많습니다. 저성장 시대인 만큼 가면 갈수록 절약의 중요성이 커질 것이며, 작정하고 아끼지 않으면 노후가 위태로워질지도 모릅니다.

제2장

자녀가
노후 대책이 될 수
있을까

자녀 리스크를
아십니까?

요즘 '자녀 리스크'라는 말이 유행하고 있습니다. 귀엽기만 한 자녀가 위험하다니, 무슨 말일까요? 몇억 원의 노후 자금을 준비해두었다고 하더라도, 자녀가 사업에 실패하거나 신용불량자가 되거나 이혼하거나 해서 손을 내밀면 안 도와줄 수 없는 것이 우리 사회의 정서입니다. 자녀에게 다 퍼주고 나이 든 부모는 단칸방에서 사는 거죠.

우리나라에서는 다 큰 자식이 부모한테 얹혀사는 걸 '캥거루'라고 하죠. 우리나라에는 캥거루족이 얼마나 있을까요? 몇 년 전에 서울에서만 30~40대 캥거루족이 48만 5,000명이라는 자료를 본 일이 있는데 현재는 그보다 훨씬 더 많을 겁니다. 어쨌든, 캥거루가 이 말을 들으면 화를 낼 거라고 합니다. 왜 그럴까요? 캥거루는 신통하게도 자기 새끼를 딱 1년만 보호하고 내보낸답니다. 그러나 사람은 끝이 없지 않습니까.

일본에서는 캥거루족을 '패러사이트 싱글parasite single'이라고 부른다는데, '기생충적 독신'이라는 뜻입니다. 가족사회학자 야마다 마사히로 교수의 저서 『패러사이트 싱글의 시대』에 따르면, 10여 년 전 이 저서를 집필할 당시 일본의 35~44세 인구가 1,895만 명인데, 그중에서 결혼을 하지 않고 부모에게 얹혀사는 기생충적 독신이 295만 명이었다고 합니다. 부모님이 돌아가시면 어들에겐 어떤 일이 생길까요? 직업이 있으면 그나마 괜찮은데, 없는 친구들이 더 많습니다. 부모의 사망신고를 하지 않고 계속 몰래 연금을 타 먹거나, 아니면 극빈자로 전락합니다. 이를 반영하듯, 일본의 노인들이 쓴 글을 읽어보면 '내 연금으로 살고 있는 자식들이 내가 죽고 나면 어떻게 될 것인가' 하고 걱정하는 내용이 많습니다.

영국에서는 '키퍼스KIPPERS, Kids in Parents' Pockets Eroding Retirement Savings'라고 부르는데, '부모의 노후 자금을 갉아먹는 자녀들'이라는 뜻입니다. 몇억 원을 노후 자금으로 가지고 있어도 자녀 리스크에 빠지면 아무 의미가 없다는 얘기입니다.

노후를 힘들게 하는 자녀 교육비

문제는 세계에서 우리나라처럼 자식한테 돈을 퍼붓는 나라도 없다는 것입니다. 대학 등록금이 비싸다고 하지만 미국 대학의 등록금이 훨씬 비쌉니다. 그런데 우리나라나 일본의 부모들은 대학 등록금을 부모의 책임이라고 생각합니다. 반면, 미국의 대부분 부모는 '대학 등록금? 자기들이 아르바이트하거나 학자금 융자받아 다니고 나중에 취직해서 갚겠지'라고 생각합니다.

앞에서 소개한 재미교포 그분은 1980년대에 국내에서 대학교에 다니다가 2학년 때 미국에 있는 누님이 비행기표를 보내줘서 유학을 갔다고 합니다. 한 학기가 지나자 한화로 400만 원 정도의 등록금 고지서가 나왔답니다. 누님이 의사 부인이고 부자였대요. 당연히 누님이 줄 거라는 생각으로 그 고지서를 가져다주었더니, 누님이 빤히 쳐다보면서 "이걸 왜 나한테 주는 거야?"라고 묻더랍니다. 그분이 놀라서 "그러면 이웃집 아저씨한테 갖다줄까?"라고 했더니 "네가 알아서 해"라고 냉정하게 말하더랍니다. 미국에 오래 살아서 사고방식이 완전히 현지화된 거죠. 그때부터 아르바이트하고 장학금 찾아보고 융자받아서 졸업했답니다. 지금 와서 생각해보니까 그때 누나가 등록금을 척척 줬으면 자기는 오늘처럼 못 됐을 거라면서 고마워하더군요.

지금 세계에서 대학 진학률 1등인 나라가 어디인지 다들 아실 겁니다. 바로 우리나라, 한국입니다. 83%까지 올라갔다가 지금은 69% 정도로 내려왔는데 아직도 1등입니다. 몇 년 전에 대전의 장태산이라는, 휴양림으로 유명한 지역에 강의를 하러 간 적이 있습니다. 지방의 한 남녀공학 중학교 동창들 40명이 모여서 동창회를 하는 자리였습니다. 대부분이 1960년생, 1961년생이라고 했습니다. 동창회장님이 저에게 40명의 학력 분포를 보여주었는데 대졸이 10%, 고졸이 50%, 중졸이 40%였습니다. 이처럼 10%에 불과하던 대학 진학률이 최고일 때 83%까지 올라갔으니, 그 많은 대학생이 취직이 될 리가 있겠습니까.

그러면 세계에서 대학 진학률 2등인 나라는 어디일까요? 이웃 나라 일본으로, 55%입니다. 이 55%를 두고도 일본 내에서 말이 많습니다. 너무 높다는 거지요. 그러니 우리나라 대학 진학률이 얼마나 높은 수준인지 알 수 있지 않습니까?

미국이나 유럽에서는 아르바이트를 하든지 융자를 받든지 해서 다녀야 하는데, 학생들이 전부 공부를 좋아하는 게 아니잖아요. 공부가 싫은 데다 학교까지 시원치 않으면, 들어가봤자 취직도 안 될 거 차라리 그 돈으로 장사를 하거나 다른 일을 한다는 겁니다. 그런데 우리는 부모가 대주니까 공부가 싫어도, 학교가 시원치 않아도 무조건 들어가니 취직이 더 안 되는 거죠.

그 밖에도 사교육비, 과외비는 또 얼마나 들어갑니까. 2019년에 서울에서 맞벌이하는 40대 후반의 부부 세 커플을 인터뷰한 적이 있습니다. 그중에서 과외비를 제일 덜 쓰는 집이 어느 정도였는지 아십니까? 부부가 맞벌이해서 1년에 1억 정도를 버는데 초등학교 6학년, 중학교 2학년 두 자녀의 과외비로만 3,360만 원을 쓴다더군요.

표 2-1 ··· 서울 중산층 가정의 사교육비 사례

초6		중2	
일반 과목	110만 원	일반 과목	100만 원
예체능	33만 원	예체능	47만 원
합계	143만 원	합계	147만 원
연간 사교육비 합계			3,360만 원
부부 합산 연수입			1억 원
연수입 중 사교육비 비율			33.6%

자료: 필자 인터뷰

여기에 등록금 내주고, 책 사주고, 옷 사주고, 용돈까지 주고 나면 무슨 돈으로 저축을 하겠습니까? 문제는 60~70세까지 부

부가 계속 1억씩 벌면 상관없는데 50대 초반이면 주된 직장에서 퇴직을 하게 된다는 겁니다. 그 후에는 재취업을 해도 전에 받던 월급의 절반을 받기가 쉽지 않습니다. 실제로, 연봉 2,000만 원짜리 일자리도 거의 없습니다. 하지만 그때부터 자녀들 대학교 등록금, 결혼 비용, 노부모 요양비, 의료비 등으로 돈이 본격적으로 들어갑니다. 그러다 보니 연봉을 1억 원씩 받던 직장인들이 60대 이후에 중산층에서 탈락하는 경우가 많이 생깁니다.

부모 등골 휘는 자녀 결혼 비용

결혼 비용에 대해서는 우리나라와 일본이 또 다릅니다. 일본에서는 젊은이들이 부모에게 결혼 비용으로 신세 좀 지려면 이리저리 눈치 보다가 "어떻게 조금만 도와줄 수 없을까요?" 하고 물어볼 정도입니다. 기업체 사장인 일본 지인에게 딸이 시집갈 때 결혼 비용 얼마나 지원해줬냐고 물어봤습니다. 그랬더니 이렇게 답해요. "얼마 대줬더라…. 신혼여행 갈 때 150만 엔 줬나?" 우리 돈으로 1,500만 원 주고 끝냈다는 겁니다.

우리나라는 어떻습니까? 자녀보다도 부모가 더 못 대줘서 난리입니다. 자녀가 스스로 준비한 돈으로 결혼하는 경우는

10% 정도밖에 안 된다고 합니다. 문제는 금액인데, 전국 평균 기준 아들의 경우 1억 4,400만 원이 든답니다. 대도시로만 한정하면 금액이 훨씬 커지겠지요. 시집·장가가면 잘 오지도 않는 자녀들에게 돈은 엄청나게 들어갑니다. 금액이 이렇게 나오는 것은 집 얻어주는 비용이 포함돼서 그렇습니다. 제가 일본 친구한테 한국에서는 집을 얻어줘야 해서 돈이 많이 든다고 했더니 뭐라고 했는지 아십니까? "세상에 자식의 집까지 얻어주는 나라 처음 봤네요." 그런데도 우리는 이것을 당연하게 생각합니다.

이렇게까지 지원해줬는데 과연 자녀들은 고맙게 생각할까요? 한국 여성정책연구원이 실시한 설문조사에 따르면, '부모가 내 결혼 비용 때문에 힘들어하셨다고 생각하는가?'라는 질문에 '아니요'라고 대답한 자녀들이 65%였습니다. '나는 남들에 비해서 적게 쓴 편이라고 생각하는가?'라는 질문에 '예'라고 대답한 비율도 65%를 차지했습니다. 부모로서 섭섭한 마음이 들 수밖에 없는 결과입니다.

그렇다고 하더라도 이렇게 돈을 들여 자녀들이 잘되기만 하면 상관없습니다. 하지만 지금 상황은 그렇지가 않습니다. 우리 부모님 세대는 논 팔고 집 팔아서 자녀들을 시험만 잘 보게 만들어놓으면 본전을 뽑았습니다. 괜찮은 학교 졸업해서 괜찮은 회사 들어가고, 그럭저럭 60세까지 다니면서 자신들을 부양해줬으니까요. 하지만 지금은 일류 기업에 들어가도 40대 후반이 되면 언제 잘릴지 전전긍긍하는 사람이 대부분입니다.

몇 년 전에 개봉해 1,200만 관객 수를 기록한 영화「국제시장」을 보셨나요? 그 영화의 주인공 덕수가 마지막에 이렇게 말합니다. "자식 세대가 아닌 우리 세대가 힘든 세상의 풍파를 겪은 게 얼마나 다행인지 모르겠다." 자기 세대가 이렇게 다 이루었다고 생각하는 겁니다. 그러면서 젊은 세대에게 "우리가 어떻게 이룬 나라인데! 너희도 좀 똑바로 해"라고 말하는 부모 세대 사람들도 있습니다. 젊은 세대가 과연 그 말에 동의할까요?

자녀의 부양을
기대할 수 있을까?

우리는 옛날 부모 세대처럼 자녀의 부양을 기대할 수 없는 상황입니다. 지난 몇십 년간 계속된 인구보너스Bonus 시대를 지나 인구오너스Onus 시대에 들어서고 있기 때문입니다. 인구보너스란, 전체 인구에서 차지하는 생산가능인구(15~64세)의 비중이 증가하여 노동력과 소비가 늘면서 경제성장을 이끄는 것을 말합니다. 반대로, 인구오너스란 생산가능인구의 비중이 줄어들면서 경제성장이 정체되는 현상을 뜻합니다.

인구보너스 시대에서 인구오너스 시대로

우리나라 전체 인구 중 생산가능인구의 비율은 2015년에 73%로 정점을 찍었습니다. 세계 국가(지역) 중 10위였고, OECD 회원국 중에서는 최고 수준이었습니다. 이 비율이 2060년에는 48%로 세계 최하위 수준인 199위까지 낮아질 전망입니다. 생산가능인구가 65세 이상 고령 인구를 부양해야 하는 노년부양비율은 2015년에 17%였습니다. 즉 생산가능인구 100명이 고령 인구 17명을 부양하면 됐다는 뜻입니다. 그런데 2050년에는 80%, 2067년에는 102%까지 높아질 전망입니다. 고령 인구에 유소년까지 고려한 총부양비율은 2019년의 38%에서 2067년에는 120% 수준까지 높아질 거라고 합니다. 인구 문제 전문가들은 지난 몇십 년이 인구구조 면에서 엄청난 혜택을 받은 기간이었다면 앞으로 몇십 년 동안은 인구 문제에 지겹도록 시달리는 기간이 될 것이라고 말하기도 합니다.

우리나라가 이렇게 인구오너스 시대로 들어서게 된 가장 큰 원인은 베이비부머 세대의 고령화와 저출산에 있다고 해야 할 것입니다. 우선, 우리나라의 베이비붐 기간은 일본의 베이비붐 기간에 비해서도 몇 배 이상 길었습니다. 여성 1명이 평생에 걸쳐 낳는 자녀 수를 나타내는 수치를 '합계(특수)출산율'이라고 하는데, 이 합계출산율이 평균 2.2명은 되어야 인구가 줄지 않습니다. 일본의 경우 베이비붐 세대의 출산, 취학, 취업, 은퇴 시기마다 일본 사회에 큰 충격을 주었다고는 하지만, 1947~1949년 3년 동안의 합계출산율은 각각 4.5명, 4.4명, 4.3명이었습니다. 이어 1950~1952년이 각각 3.7명, 3.3명, 3.0명으로 베이비붐 기간은 6년 만에 끝났습니다. 그 후의 출산율은 2명대, 1명대로 낮아져 최근까지 지속됐으며 2019년의 출산율은 1.36명이었습니다. 출생자 수는 최다 연도인 1949년의 270만 명에서 92만 명으로 줄었습니다. 2.9분의 1로 줄어든 것입니다.

그에 비해 우리나라는 출산율 통계를 발표하기 시작한 1950년부터 5~6명대 기간이 17년, 4명대 기간이 7년, 3명대 기간이 4년으로 무려 28년이나 계속됐습니다. 이 기간에 출생한 베이비부머 세대가 현역으로 활동한 기간이 그야말로 인구보너스 시기였던 것입니다. 그러나 1980년대 이후의 출산율은 급격한 하

표 2-2 ··· 한국과 일본의 합계출산율 추이

(단위: 명)

한국	1950~1966	1967~1973	1974~1977	1978~1983	1984~2001	2002~2020
	6.3 → 5.0	4.8 → 4.1	3.8 → 3.0	2.9 → 2.1	1.7 → 1.3	1.3 → 0.84

일본	1947~1949	1950~1952	1953~1974	1975~1994	1995~2019
	4.5 → 4.3	3.7 → 3.0	2.7 → 2.0	1.9 → 1.5	1.4 → 1.36

자료: 한국 통계청, 일본 후생노동성

락을 보여 2020년에는 0.84명을 기록하기에 이르렀습니다. 출생자 수 최다 연도인 1956년의 출생자 수는 110만 명이었는데, 2020년에는 27만 2,400명으로 4분의 1 이하로 줄었습니다.

부양에 대한 의식구조 변화

젊은 세대의 부모 부양에 대한 의식구조 또한 급격하게 바뀌고 있습니다. '부모 부양 책임이 누구에게 있는가'에 대한 통계청 사회 조사 결과에 따르면, '가족에게 있다'라는 대답이 2000년에는 71%를 차지했었는데 2018년에는 27%로 줄었습니다. 반면 '국가 등 사회에 있다'라는 대답은 같은 기간 20%에서 54%로 늘었습니다. '부모 스스로 해결해야 한다'라는 대답도 10%에서 19%로 늘어났습니다.

자녀 세대에게 부모를 부양할 만한 경제력이 있느냐 하는 것 또한 문제입니다. 저성장·결핍의 시대를 반영한 취업난, 조기 퇴직 등으로 자녀들의 생활 형편이 어려워졌기 때문입니다. 부모 세대보다 자녀들 세대의 형편이 나아질 거라고 믿는 한국인의 비율이 30%도 안 된다는 통계청 사회 조사 결과가 이를 잘 말해 줍니다.

그렇다고 정부가 복지 차원에서 은퇴 세대의 노후 생활비에 도움을 주기도 어렵습니다. 재원도 문제지만 베이비붐 기간이 6년 만에 끝난 일본에 비해 28년이나 계속된 우리나라는 복지비 지출이 그만큼 분산될 수밖에 없기 때문입니다.

결국, 야속하게 들릴지 모르지만, 우리나라 부모 세대는 지금까지의 가족의존형 복지 시대에서 본인들의 노후를 스스로 책임질 수밖에 없는 셀프부양 시대로 바뀌고 있다는 점을 인정하고 그에 대한 준비를 서두를 수밖에 없습니다.

젊은 세대에게 냉혹한 사회, 자녀들을 과보호하는 부모

수년 전, 앞에서 소개한 일본의 가족사회학자 야마다 마사히로 교수가 쓴 책 한 권을 읽은 적이 있습니다. 『왜 일본은 젊은이에게 냉혹한가_{なぜ日本は若者に冷酷なのか}』라는 제목이었는데요, 일본도 지난 20년 동안 젊은이들에게 냉혹한 사회였다고 합니다. 취업난 때문이죠. 그런데 2021년 3월에 졸업한 대졸자들의 취업률은 96%였습니다. 지금 일본은 '구인난'이라고 하죠. 요즘 우리나라 대학생들이 일본으로 취직하러 간다고 난리지 않습니까?

한편, 우리나라는 어떻습니까. 2021년 2월 대졸자 취업률이

67%였습니다. 여기에는 대학원 진학이나 군 입대자들도 포함되어 있습니다. 이들은 취직했다고 볼 수 없으니 이를 제외하면 50%대까지 떨어질 수도 있습니다. 둘 중 하나가 취직이 안 되는 형편인데 밥 좀 먹고 옷 좀 잘 입는 것이 뭐가 그리 중요할까요? 절망적인 기분이 들 수밖에 없을 것입니다.

어렵게라도 취직만 되면 끝나는 걸까요? 아닙니다. 경희대학교 신동균 교수가 발표한 자료가 있습니다(표 2-3). 남자가 주직장(근속 기간이 가장 길고 지속 기간이 10년 이상인 직장)에서 45세까지 근무할 확률을 나타낸 것입니다. 60세도 아니고 45세 말입니다. 1950년 이전 출생자는 70~80%였고 1958년 출생자는 40%였는데, 1960년 이후 출생자는 20%에 불과합니다.

표 2-3 ··· 주직장에서 45세까지 근무할 확률

1930~1950년생	1958년생	1960년생
70~80%	40%	20%대 초반

※ 남성 기준
자료: 경희대학교 신동균 교수, 「베이비 붐 세대의 근로생애사 연구」(2013)

취직했다가 몇 년 만에 그만두고 또 취직해서 몇 년 만에 그만두기를 반복한다는 뜻입니다. 평균적으로 여섯 번 정도를 이직해야 겨우 60세까지 다닐 수 있는 현실입니다. 제가 일하고 있

제2장: 자녀가 노후 대책이 될 수 있을까

는 업계는 실제로 그렇습니다. 시험만 잘 봐서 되는 일이 아닙니다. 씩씩하고 자립심이 있어야 합니다.

무엇이든 대신 해주는 부모들

고성장 시대에는 신규 채용을 많이 하기 때문에 좋은 대학 졸업하고 시험 잘 보면 웬만큼 취직이 됐습니다. 그런데 저성장기에는 신규 채용을 별로 하지 않습니다. 그러면 어떻게 해야 할까요? 중소기업 같은 데 들어간 뒤 몇 번 이직을 하면서 좋은 회사로 옮겨가야 합니다.

그러면 경력자를 뽑을 때 회사는 무엇을 볼까요? 학벌? 스펙? 아닙니다. 회사에서 시키려고 하는 일을 잘할 수 있겠느냐가 첫째입니다. 즉, 전문성을 보는 겁니다. 둘째는 평판입니다. 쉽게 말해서, 인성이 되어 있느냐 하는 거죠. 여기서 걸리면 끝장입니다. 문제는 부모들이 자녀가 이런 상황에 적응할 수 있도록 키웠느냐는 것입니다.

몇 년 전에 한 대학에서 강의를 맡은 일이 있습니다. 그때 만났던 교수님한테서 요즘에는 수강 신청을 어머니가 와서 대신 해주는 경우가 있다는 말을 들었습니다. 어머니가 학교 행정실

직원 한 사람을 사귀어서 학점 후하게 주는 교수가 누구인지를 알아낸 후, 그 정보를 바탕으로 시간표를 짜서 자녀에게 준다는 겁니다. 제가 그 말을 듣고 이렇게 농담을 했습니다. "그 친구 신혼여행은 직접 가려나 모르겠네요."

옛날에 제가 있던 회사에서도 비슷한 일이 있었습니다. 해외 장학생을 모집하는데, 본인들이 직접 오는 것이 아니라 어머니들이 와서 내용을 물어보고 어쩌고 난리를 치는 겁니다. 제가 화가 나서 그렇게 한 친구들 조사해서 전부 탈락시키라고 말하기도 했습니다.

얼마 전에는 신문에서 요즘 젊은 친구들 사이에 대리 맞선이 유행이라는 기사를 본 적이 있습니다. 젊은 친구들은 이런저런 일로 바쁘답니다. 그래서 어머니들끼리 만나서 집값은 어떻게 부담할 것인지, 애는 누가 키워줄 것인지에 대해 합의를 하고, 합의가 되면 그때 예비 신랑 쪽에서 형식적으로 프러포즈를 한다는 겁니다.

중요한 자산은 자립심

강의를 하면서 앞서의 사례들을 이야기했더니 어떤 어머니가 이렇게 말씀하시더군요.

"그렇게 하더라도 내 아이가 공부만 잘하면 되지 않나요?"

천만의 말씀입니다. 오히려 공부 잘하는 친구들이 더 걱정입니다. 그런 사례를 소개하겠습니다.

어느 대기업에서 국제 비즈니스를 하는 부서가 신설됐습니다. SKY 대학 나오고, 미국 유학 다녀오고, 영어가 유창한 친구들을 고액 연봉으로 스카우트해 왔습니다. 그렇게 한 4년쯤 지났는데 잘 안되는 겁니다. 비즈니스 사이클이 너무 짧기 때문입니다. 옛날에 중후장대 산업, 즉 자동차나 철강 같은 산업들이 경쟁력을 가질 때는 한번 입사하면 30~40년 길게 보고 일할 수 있었습니다. 그런데 지금은 비즈니스 사이클이 짧아서 몇 년 잘되다가 금방 안되는 경우도 많습니다. 안되는 부서에 계속 있으면 뭐 합니까? 자리를 옮겨야겠죠. 그래서 이렇게 이직이 늘어나는 겁니다. 결국 그 부서는 해체되고 말았다고 하더군요.

이직한 사람들 입장에서 문제는, 일시적으로 고액 연봉을 받은 것이 화가 된다는 겁니다. 직장인들은 일시적으로 고액 연봉 받는 걸 정말 조심해야 합니다. 영원히 그렇게 받을 것으로 착각해서 생활 수준, 소비 수준만 높아지고 저축할 줄을 모릅니다. 애들 학원 보내던 걸 선생님 집에 모셔다 배우게 하고, 일류 호텔 헬스 회원권 사고, 골프 치고…. 생활 수준과 소비 수준은 높아졌는데 저축은 없는 겁니다. 이럴 때 실직하면 어떻게 될까요?

개인적인 이야기를 하나 하겠습니다. 제 딸은 40대 중반인데 애 둘을 키우느라 회사를 퇴직했습니다. 아이들을 어느 정도 키워놓고 재취업에 나섰는데 일자리를 잡기가 쉽지 않았어요. 그래서 제가 일을 시키면서 월급을 좀 주고 있습니다. 그런데 아껴 쓰라고 그러면 꼰대가 잔소리한다는 말이나 듣고 효과가 없을 것 같아 걱정이 됐습니다. 생각 끝에 편지를 썼습니다.

'내가 너에게 월급을 좀 주고 있는데, 내가 나이가 있어서 1년 후가 될지 2년 후가 될지 모르지만 이 일을 관두면 너한테 월급을 줄 수가 없거든. 그런데 그때 가서 네가 취직이 될 리도 없고, 지금처럼 높아진 생활 수준을 낮추려면 얼마나 고통스러울까? 아빠는 그것이 걱정이야.'

제 딸이 이 편지를 읽으면서 그랬을 겁니다. "노인네가 주려면 좀 편하게 줄 것이지." 그런데 그게 그렇지 않습니다. 오죽하면 이어령 교수님도 "이제는 샐러리맨도 자영업자와 똑같은 마

음으로 뛰어야만 한다"라고 말씀하셨겠습니까. 저는 정말로 그
래야 한다고 생각합니다.

자녀에게 올바른 직업관을
심어줘야 한다

"속지 말자, 학벌. 다시 보자, 스펙."

요즘 대기업 인사 담당자들이 자기들끼리 만나서 이런 말을 한다고 합니다. 얼마나 속았으면 그러겠습니까. 실제로 몇 년 전에 제가 몸담은 업계에서 이런 일이 있었습니다. 사내 변호사 1명을 뽑는데 지원자가 50명 이상 몰렸습니다. 4명을 최종 면접에 올렸는데 SKY 대학 출신 3명, 기타 대학 출신 1명이었습니다. 최종적으로 기타 대학 출신을 뽑았습니다. 왜 그랬을까요?

그 회사가 몇 년 전에 SKY 법대 출신 3명을 뽑았는데 다 실패했습니다. 모두 도련님들이었다는 겁니다. 시험 잘 보는 것 빼고는 할 수 있는 게 없더라는 거죠. 한 친구는 자기 발로 나갔고 두 친구는 내보냈습니다. 이런 실패를 경험하면서 면접 기준이 바뀌었고, 그래서 기타 대학 출신을 뽑은 겁니다. '씩씩하고 적극적인 사람'이라는 면접 기준에 적합했거든요. 일류 외고 나오고, SKY 법대 나와서 변호사가 되면 자기가 최고인 줄 알 겁니다. 그런데 한 2년만 취직 못 하면 그 친구는 룸펜(고학력 실업자)으로 전락할 가능성이 크지 않을까요?

시대에 맞는 직업관이 필요한 이유

그러면 그 어려운 변호사 시험에 합격하고도 왜 예전처럼 대접을 받지 못하는 걸까요? 그 이유에 대해서는 신문 보도를 본 사람도 있을 겁니다. 우리나라의 1번 변호사 등록이 있었던 해는 1906년이었습니다. 그리고 1만 번째 등록이 나온 해는 2006년이었습니다. 변호사가 1만 명 늘어나는 데 100년이 걸린 셈입니다. 이 기간에 변호사가 된 사람들은 정말 좋은 대우를 받았습니다.

그런데 또 1만 명이 늘어나는 데는 8년이 걸렸고, 다시 1만 명이 늘어나는 데는 5년이 걸려 이제는 변호사 3만 명 시대가 됐습니다. 이렇게 갑자기 쏟아져 나오니까 전과 같은 대우를 받을 수 없는 겁니다. 지금 변호사들이 세무사, 법무사들의 일감을 뺏는다고 난리지 않습니까? 돌아가는 상황을 보면 의사도 비슷할 것 같습니다. 이제 안전한 직업은 없다고 봐야 합니다.

그렇다면 무엇이 중요할까요? 부모 세대도, 자녀 세대도 이 시대에 맞는 제대로 된 직업관을 가져야 한다는 겁니다.

제 집안의 동생 하나는 공부를 싫어하는 데다가 가정 형편이 어려워서 대학에 못 갔습니다. 대신 건설 현장에서 30년 동안 일하면서 방수 전문가가 됐습니다. 어느 날 대형 건설회사 회장님 댁에서 물이 샜는데, 회장님이 화가 나서 박사만 뽑지 말고 독일식으로 마스터를 뽑으라고 지시하셨답니다. 그래서 그가 55세에 대형 건설사의 마스터로 들어갔어요. 69세까지 연봉 1억 원씩 받으면서 다녔고, 70세에 그곳을 나왔는데 금방 다른 회사에서 모셔갔습니다. 건강 문제만 없다면 80세까지는 다니지 않을까 생각합니다. 취업 환경이 이렇게 바뀌고 있습니다.

거창고등학교의 '직업 선택 십계명'

직업관과 관련해서는 경상남도 거창고등학교가 특히 유명합니다. 이 학교 강당에 '직업 선택 십계명'이 걸려 있다고 합니다. 기독교 정신에 기반하여 만든 십계명인데 읽어보면 실생활에도 들어맞는 것 같다는 생각이 들었습니다. 그중 몇 가지만 소개하겠습니다.

첫째는 '월급 많이 주는 데 가지 마라'입니다. 이제 월급은 회사나 나라가 알아서 주는 게 아니라는 의미입니다. 내가 남다른 주특기를 가지고 있어서 적은 금액이라도, 회사를 옮겨서라도 오래오래 받을 수 있어야 한다는 겁니다.

둘째는 '남들이 몰려가는 데 절대 가지 마라'입니다. 요즈음 대기업 입사 경쟁률이 200:1, 300:1 하지 않습니까? 그 틈을 뚫고 들어갔는데도 50대 초반이면 언제 책상이 없어질지 몰라 노심초사하게 됩니다.

셋째는 '부모나 배우자나 약혼자가 결사반대하는 곳에는 무조건 들어가라. 거기 가면 틀림없다'입니다. 제가 48년 직장 생활을 해보니까 이 말이 맞는 것 같습니다. 만약 부모와 자녀가 소신 있는 직업관을 갖추지 못했다면 이게 어떻게 가능하겠습니까?

거창고등학교의 교장을 지내셨던 전성은 선생님께 들은 얘기입니다. 거창고등학교에는 전국의 우수한 학생들이 많이 모인답니다. 거창고의 학부모님 중 제일 바람직한 분은 누구일까요? 시골에서 농사지어 아들을 이 학교에 보낸 분이랍니다. 아들에게 "네가 대한민국에서 최고야. 네 마음대로 해!"라고 하신답니다. 그럼 골치 아픈 학부모님은 누구일까요? 의외로 서울의 대기업 사장님, 교수님, 박사님, 정부 고위 관료들이라고 합니다. 그분들의 자녀들이 너무나 힘들어한다는 것입니다. 자녀를 둔, 많이 배우고 고위직에 있는 사람이라면 한 번쯤 되새겨볼 이야기가 아닌가 생각합니다.

자기 눈으로 세상을 보도록 가르치자

또 한 가지 생각해볼 게 있습니다. 우리는 중산층이 되려고 애를 쓰는데요, 중산층이라는 것이 무엇일까요? 우리나라 중산층 기준은 남의 눈에 보이는 것들이 대부분입니다(표 2-4). 예를 들어 '아파트 30평 이상'이 그렇죠. 아파트의 평수가 신분의 상징인 겁니다. 지금 선진국에서는 작은 집 갖기 운동, 그러니까 스몰 하우스 운동이 벌어지고 있는데 너무나 대비되는 모습이죠. 우리

표 2-4 ··· 중산층의 기준: 한국 vs. 미국

한국	미국
1. 30평대 이상 아파트	1. 자신의 주장에 떳떳하다.
2. 월 급여 500만 원 이상	2. 페어플레이를 한다.
3. 2,000cc 이상 자가용	3. 사회적 약자를 돕는다.
4. 1억 원 이상 예금 잔고	4. 부정과 불법에 저항하는 용기가 있다.
5. 연 1회 이상 해외여행	5. 정기적으로 비평지를 받아 본다.
※ 직장인 대상 설문조사 결과	※ 공립학교에서 가르치는 기준

자료: 트러스톤자산운용 연금포럼(2018)

나라 중산층 기준에는 '자동차 2,000cc 이상'이라는 것도 있습니다. 선진국에서는 누군가가 갑자기 큰 차를 타면 '깡패 아니면 졸부'라고 생각한답니다.

미국의 중산층 기준을 보면 많은 생각을 해보게 됩니다. '자신의 주장에 떳떳할 것, 페어플레이를 할 것, 사회적 약자를 도울 것, 부정과 불법에 저항하는 용기가 있을 것, 정기적으로 비평지 하나 정도 받아볼 것.' 한마디로, '내면이 성숙한 사람인가?'가 기준이라는 겁니다. 이 기준에 따르면 우리나라에 중산층은 얼마나 될까요?

우리 자녀들이 이런 직업관, 이런 중산층 기준을 받아들이게 하려면 남의 눈을 의식하지 않고 자기 눈으로 삶을 살도록 키워야 합니다. 하지만 과연 그런 노력을 해왔는지 반성을 할 수밖에 없습니다.

제가 존경하는 성직자가 쓴 글이 저에게 많은 깨달음을 주었기에 여기에 소개합니다.

"인생을 직선 위에서 살면 만족이 있을 수 없다. 항상 내 앞에 누군가가 있기 때문이다. 지금껏 어른들은 자녀들을 직선 위에 줄 세워놓고 키웠다. 이제는 디지털 시대다. 직선의 시대가 아닌 360도 원의 시대다. 내가 가고자 하는 방향으로 누구든지 얼마든지 갈 수 있다. 직선이 아니기에 항상 선두주자가 될 수 있다. 굳이 선두주자가 아니어도 새로운 가치를 만들며 살 수 있다. 반면 직선 위의 삶에는 좌절감과 박탈감만 있다. 금수저니 은수저니 하는 것도 같은 맥락이다. 문제는 직선에서 원으로 바꾸는 게 쉽지 않다는 것이다. 남의 눈으로 인생을 살고자 하기 때문이다.

자기 눈으로 삶을 살면 기회는 늘 있다. 우리나라는 대기업 채용에 전국 대학생 절대다수가 응시한다. 이게 직선 위의 삶이다. 물고기를 산에 가서 찾으면 구할 수 없다. 다른 사람들에게 휩쓸리지 않고 나만의 생을 살려는 독창력을 지녀야 한다. 조지 루카스 감독이나 스티브 잡스도 남이 만든 직선 위에서 벗어난 사람들이었다."

아마 세계에서 우리나라처럼 남의 눈을 의식하는 나라도 없지 않을까 싶습니다. 저는 미국에서 살아보지 않았기 때문에 미국을 잘 모르지만, 미국에서 온 사람이 이렇게 말했습니다.

"미국에서는 학교를 졸업해도 넓은 천지에 흩어지고, 또 남의 일에 관심도 없기 때문에 아주 친한 친구가 아니면 누가 어디서 무엇을 하는지 잘 모릅니다."

그런데 우리는 동창회, 향우회, 동네 모임, 헬스 모임, 무슨무슨 모임 등에 가서 누구는 어떻고 또 누구는 어떻고 하면서 수다를 떨다가 점심 먹은 것 사진 찍어서 올리죠. 이렇게 남의 눈에 얽매이는 나라가 또 있을까요? 사르트르가 했다는 "인간은 타인의 눈길에서 지옥을 경험한다"라는 말을 다시 한번 생각해보게 됩니다.

영국의 기독교 문학자 C. S. 루이스의 말도 깊이 음미해보시기 바랍니다.

"부모의 도리는 자녀의 운명을 결정하는 섭리를 대신하려 들지 않고, 애정과 정의와 진실성과 유머라는 평범한 원리에 따라 자녀를 교육하는 것이다. 대체로 교육받지 못한 부모들이 이러한 부모의 도리를 더 잘 지킨다."

오십부터는 노후 걱정 없이 살아야 한다

우리가 애들에게 영어, 수학 말고 무엇을 가르쳤는가도 한 번 생각해봐야 합니다. 돈관리를 가르쳤는가, 경제적 자립을 가르쳤는가. 막말로 영어, 수학은 잘 못해도 밥 먹고 살 수 있습니다. 그런데 돈관리, 경제적 자립을 모르면 평생 고생합니다. 제가 몇 년 전에 책을 쓰면서 조사해봤는데 미국의 고등학교 교과서에는 돈관리, 경제적 자립에 관한 내용이 43페이지나 실려 있더군요. 우리는 몇 페이지 되지도 않는데 그것조차도 선택을 안합니다. 수능에서 경제 과목을 선택하는 비율을 보면 1.5%가 될까 말까 합니다. 배우지를 않으니까 대학을 졸업해도 저축과 투자가 어떻게 다른지 모릅니다. 학교에서 가르치지 않으면 부모라도 가르쳐야 합니다. 그래야 자녀도 망치지 않고, 아낀 돈으로 자신의 노후를 준비할 수 있습니다.

제3장

가장 확실한
노후 대비는
평생현역

퇴직 후 12만 시간,
준비는 되어 있는가?

2020년 9월에 취업 플랫폼 잡코리아가 알바몬과 함께 직장인 530명을 대상으로 설문조사를 했습니다. '현실적인 상황을 고려할 때 몇 살까지 직장 생활을 할 수 있을 것으로 생각하는가?'라는 질문에서 전체 응답자의 예상 퇴직 연령이 평균 49.7세인 것으로 나타났습니다. 연령대별로 보면 20대는 평균 49.5세, 30대는 평균 48.6세, 40대 이상은 평균 51.6세 정도에 정년퇴직할 것으로 예상했습니다.

퇴직 후 31년은 현역 시절의 63년

40대 이상의 직장인이 체감하는 퇴직 연령 평균을 반올림하여 52세라고 해봅시다. 그리고 83세까지 산다고 가정해보죠. 왜 83세냐고요? 지금 우리나라 남녀 모두를 합한 평균수명이 83세이기 때문입니다. 한 가지 주의할 점은, 평균수명에서 현재 나이를 뺀 만큼 앞으로 더 살 거라고 계산하면 안 된다는 겁니다. 자신이 속한 연령대별 기대여명만큼 더 살게 됩니다. 그러니까 일단 환갑(60세)을 맞이하면 100세까지 산다, 이렇게 생각해야 합니다. 어찌 됐든, 83세까지만 산다고 가정해도 52세에서 83세까지 31년입니다. 31년은 어느 정도로 긴 시간일까요?

하루는 24시간입니다. 현역 시절에는 엄청나게 바쁩니다. 일도 하고, 술도 마시고, 연애도 하고… 하루가 100시간이었으면 좋겠다고 느끼는 시절입니다. 그런데 퇴직을 하고 나면 시간이 정말 안 갑니다. 잠자는 시간, 밥 먹는 시간, 화장실 가는 시간 다 빼도 하루에 최소한 11시간이 남습니다.

실제로 얼마 전에 어느 회사에서는 정년퇴직을 앞둔 직원들을 배우자까지 불러서 교육을 시켰다고 합니다. 거기 다녀오신 분에게 들은 이야기입니다. 강사가 오더니 그러더랍니다.

"다음 달에 퇴직하시죠? 그럼 퇴직 다음 날부터 하루 일과, 일

오십부터는 노후 걱정 없이 살아야 한다

주일 일과, 한 달 일과표를 예상해서 한번 써보세요."

어떻게 써야 하나 하면서 막연히 앉아 있다가 옆의 아내는 어쩌고 있나 봤더니, 얘기를 듣자마자 막힘없이 써 내려가더라는 거예요. 아침에 일어나서 밥하고 빨래하고 청소하고, 계 모임 갔다가, 동창 모임 갔다가, 딸네 집 들러서… 이렇게 줄줄 써 내려가는데 자기는 10시까지 써놓고 나니까 쓸 게 없더랍니다. 남자들이 이렇습니다.

방금 말했듯이, 하루에 최소한 11시간이 남습니다. 여기에 곱하기 1년(365일), 또 곱하기 31년을 하면 12만 4,465시간입니다. 12만 4,465시간이면 어느 정도나 되는 걸까요? 2019년 기준 우리나라 직장인들이 회사에 출근해서 근무하는 시간은 연평균 1,967시간입니다. 12만 4,465를 1,967로 나누면 약 63이 됩니다. 퇴직 후 31년이 현역 시절의 느낌상으로는 63년에 해당한다는 얘기입니다. 100살까지를 생각하면 더 긴 시간이 되겠죠. '인생은 짧고 예술은 길다'라는 말을 수도 없이 들었을 겁니다. 하지만 그 말이 요즘 현실에는 맞지 않습니다. 앞으로는 '인생도 길고 예술도 길다'라고 생각하고 대책을 세워야 합니다.

가난하더라도 오래 사는 게 행복일까?

열심히 일해왔는데도 노후 생활비가 모자라는 사람은 어떻게 살아야 할까요? 유감스럽게도, 우리나라 노인분들 중 생활비가 모자라는 사람이 대부분, 즉 70~80%에 달할 것으로 생각합니다. 수명이 갑자기 늘었는데, 금리는 또 얼마나 벼락같이 떨어졌습니까? 현재 1% 남짓밖에 안 됩니다. 힘들게 몇억을 모아서 은행에 예금해봤자 세금 떼고 나면 이자는 몇 푼 못 받습니다.

인생에서 재산이 제일 많을 때가 50대라고 합니다. 통계청 자료를 보니까, 2020년 3월 말 현재 우리나라 50대의 가구당 평균 총자산은 5억 1,000만 원입니다. 지방에서 사시는 분들은 '웬 재산이 저렇게 많지?'라고 생각할 수도 있습니다. 서울, 수도권의 비싼 집값을 포함하여 평균을 낸 수치라서 그런 겁니다.

표 3-1 … 50대 가구의 보유 자산 현황

총자산		5억 1,000만 원
부채	-	9,900만 원
순자산	=	4억 1,100만 원
부동산	-	3억 5,700만 원
가용 순 금융자산	=	5,400만 원

자료: 통계청 가계금융복지조사(2020년 3월)

집값을 빼고 나면 지방이 차라리 낫습니다. 50대 가구의 평균을 보면 부채(차입금)가 9,900만 원이고, 5억 1,000만 원에서 이를 빼면 4억 1,100만 원이 남습니다. 이것이 순자산, 자기자본입니다. 언뜻 '50대 후반에 재산이 4억 1,100만 원 정도 있으면 그럭저럭 먹고살 수 있는 것 아닌가?'라고 생각할 수도 있습니다. 그런데 문제는 4억 1,100만 원 중에서 지금 살고 있는 집값이 3억 5,700만 원이라는 겁니다. 이 금액을 빼고 나면 5,400만 원이 남습니다. 5,400만 원으로 어떻게 30~40년을 살 수 있겠습니까?

그러다 보니 5,400만 원으로 주식을 사서 튀겨볼까 했다가 날리는 사람도 있습니다. 아니면 집을 팔아서 살아야 합니다. 그런데 이 집값이 일본처럼 10~15년 후에 하락하지 말라는 법이 어디 있냐는 겁니다. 돌아가는 양상이 비슷하니까요.

선진국에서는 재산이 없더라도 연금으로 최소 생활비 정도는 충당할 수 있습니다. 그런데 우리나라는 학교 선생님, 공무원, 군인들 빼면 연금으로 살 수 있는 사람이 거의 없습니다. 대부분 사람이 국민연금 하나밖에 가지고 있지 않죠. 저도 놀랐는데, 우리나라 65세 이상 고령자 중에서 국민연금, 노령연금(나이 들어서 받는)을 소액이라도 받는 분이 54%밖에 안 된다고 합니다. 절반 정도에 불과한 겁니다. 게다가 100만 원 이상 받는 분은 7.7%밖에 안 되고, 월 수령액 60만 원 미만인 분이 78%입니다.

퇴직연금은 상용근로자의 절반 정도가 가입되어 있는데, 2020년 말 현재 퇴직연금 적립금 255.5조 원을 가입자 수로 나누면 평균 4,000만 원 정도밖에 안 됩니다. 한 번에 받아봤자 1년 생활비가 될까 말까 한 금액이죠. 이른바 '3층연금(국민연금, 퇴직연금, 개인연금)'이라고 부르는 것 중 나머지 하나인 개인연금은 가입자가 아주 소수입니다.

표 3-2 ··· 65세 이상 고령자의 국민연금 수령 현황

■ 국민연금 수급 대상자(2020년 12월 말)
- 65세 이상 노인 812만 명 중 54.3%
■ 노령연금 월 수령액(2020년 12월 말)
- 60만 원 미만: 78.0%
- 100만 원 이상: 7.7%

자료: 국민연금공단(2021)

대부분 사람이 달랑 집 한 채만 가지고 있다는 얘기입니다. 그런데 그 집이 나의 노후에 도움이 될까요? 일본 도쿄 근교의 신도시, 일테면 우리나라의 분당이나 일산에 해당하는 신도시를 예로 들어보겠습니다. 1980년대까지만 해도 흥청망청하던 신도시입니다. 그런데 지금 저녁에 그 지역을 가보면 불이 안 들어오는 아파트가 많습니다. 비어 있는 거예요.

자산관리 편에서 자세히 다루겠지만, 일본에는 빈집이 846만

채가 있다고 합니다. 2030년이 되면 3채 중에서 1채가 빈집이 될 것이라는 전망도 있습니다. 우리나라의 빈집은 어떨까요? 통계청의 인구주택총조사에 따르면, 2019년 기준 151만 채가 넘는다고 합니다. 우리나라도 그렇게 빈집이 많은 겁니다. 시골의 농가주택일 것으로 생각하시겠지만 그렇지 않습니다. 대도시 한복판에도 빈집이 있습니다. 예컨대 도청 소재지였던 도시에서 도청이 외곽으로 이전하면 그 동네에 빈집이 생기는 겁니다. 집이 노후에 도움이 된다고 보장할 수 없다는 얘기입니다.

돈이 있어도 일이 없으면
고달프다

신문, TV에서는 노후가 편하려면 10억이 있어야 하는가, 7억이 있어야 하는가라는 말이 종종 나옵니다. 저는 신문기자 만날 때마다 제발 그런 내용 좀 쓰지 말라고 이야기합니다. 우리나라 사람 대부분이 그런 형편이 안 되는데 그런 기사가 도움이 되겠습니까? 오히려 복통 터지고 초조해지기만 할 뿐이죠.

그래선지 지금 우리나라에 온갖 사기 사건이 횡행합니다. 부동산 기획 사기는 말할 것도 없고, 서점에 가보면 재테크 광풍입니다. 2배로 튀기는 법, 3배로 튀기는 법 등의 책이 진열되어 있

오십부터는 노후 걱정 없이 살아야 한다

습니다. 책 한 권 읽고 2배로 튀길 수 있다면 인생이 얼마나 만만하겠습니까? 그런 방법 없습니다. 오죽하면 일본의 한 언론인이 서울 특파원으로 있다가 돌아가면서 저에게 이렇게 말했을까요. "한국에 와서 4년 동안 근무하면서 보니까 한국 사람들은 돈을 버는 방법, 즉 자산관리의 '입구관리'에 대해서는 쌍불을 켜고 열심이다."

그런데 나이가 60이 되어서 번 돈이 모자라면 그 사람은 부자 될 확률이 별로 없다고 보는 것이 타당합니다. 그러면 어떻게 해야 할까요? 맞춰 사는 방법을 배워야 합니다. 또 운 좋게 부자가 됐다면 어떻게 해야 할까요? 아름답게 쓰는 방법을 배워야 합니다. 그 언론인은 그걸 자산관리에서 '출구관리'라고 표현했습니다. "한국 사람들은 '입구관리'에 대해서는 너무나 열심인데 '출구관리'에 대해서는 집에서도, 학교에서도, 사회에서도 가르치지 않아 공부가 너무 안 되어 있다."

그 말을 듣고 제가 기분이 얼마나 나빴겠습니까.

일자리에 대한 사고방식의 전환이 필요하다

일본이든 미국이든, 열심히 살았는데 유감스럽게 노후 생활비가 모자라는 사람은 많이 있습니다. 그들은 어떻게 할까요? 할 수 없다. 생활비가 모자라니까 체면 불고하고 허드렛일이라도 해야겠다'라는 생각으로 일을 찾습니다.

　지금으로부터 46년 전인 1975년의 일입니다. 그때 일본 도쿄 증권거래소에 가서 연수를 받은 적이 있습니다. 당시 일본의 전체 인구 중에서 노인 비율은 8%였습니다. 그리고 지금 우리나라 노인 인구의 비율은 16%입니다. 다시 말해, 46년 전 일본의 노인 비율은 현재 우리나라보다도 훨씬 낮았습니다. 그런데 지금 생각해보니까, 당시 일본의 노인들은 체면을 버리고 일할 준비가 되어 있었습니다. 그때 저는 두 가지 광경을 목격했습니다.

　첫 번째 광경은 도쿄 증권거래소에서 본 것입니다. 그곳 지하에 주식이나 채권을 보관하는 창고가 있습니다. 그 창고를 견학하는데 머리가 하얗게 세서 70은 넘었을 것 같은 노인들 100명 정도가 앉아서 주식을 세고 있었습니다. 제가 놀라서 안내하는 사람에게 물어보았습니다. "저분들은 옛날에 무엇을 하던 분들입니까?" 그랬더니 "전직 회사 임원도 있고, 공무원 출신도 있고 다들 한자리하던 사람들이죠"라고 하는 거예요. "얼마씩 받아요?" 하고 물어보니 시간당 500엔이라고 합니다. 한때 떵떵거리며 살았을 사람들이 우리 돈으로 시간당 5,000~6,000원을 받으며 일하는 것이었습니다.

오십부터는 노후 걱정 없이 살아야 한다

두 번째 광경은 제 숙소였던 비즈니스호텔에서 목격했습니다. 일류 호텔이 아니라서 그런지 모르겠지만, 5시가 되니까 젊은 직원들은 퇴근하고 할아버지들이 야간 당번으로 교대를 하는 겁니다.

이 두 가지만 가지고 일반화할 수는 없지만, 저는 젊은 나이에 그걸 보고 이런 생각을 했습니다. '나이가 들어서 일을 하려면 폼나고 권한 있는 일은 젊은 사람한테 주고 저렇게 허드렛일을 해야 하는 거구나. 나도 오래 살 텐데, 저런 준비를 해두어야겠구나.' 그때 그 장면들을 본 것이 제 인생에 얼마나 도움이 됐는지 모릅니다.

표 3-3 ··· 가장 확실한 노후 대비는 평생현역

■ 재취업
- 재취업 사례
- 월 50만 원의 근로소득은 2억 원의 정기예금과 같은 효과
- 부부가 체면을 버리고 허드렛일이라도 하겠다는 마음가짐
■ 자기실현(취미) 활동
■ 사회공헌(NPO, Non-Profit Organization) 활동
■ 세 번의 정년
- 고용 정년 → 일의 정년 → 인생 정년

그로부터 40년이 지나서 2015년 가을에 일본의 《주간동양경제》라는 주간지에서 퇴직자들의 일자리 사례를 소개한 적이

있습니다. 아파트 관리인, 생협 지역위원, 회사 고문, 컴퓨터 강사, 가사대행 서비스 등이 나와 있더군요. 예컨대 일본에서도 아파트 관리인을 하려면 경쟁률이 50:1일 정도로 치열하다고 합니다.

제 친구는 일본 자산운용사의 사장인데 딸이 40대 중반의 대졸자입니다. 자녀 둘을 키우느라 회사를 퇴직했다고 합니다. 그런데 아이들만 키운 것이 아니라 틈틈이 시간을 내서 간호사 자격증을 받을 수 있는 전문학교를 졸업했습니다. 대졸자가 따로 공부해서 간호사 자격을 취득한 겁니다. 지금 일본에는 방문 개호介護라는 일의 수요가 늘고 있습니다. 개호는 우리 말로 '간병, 돌봄'이라는 뜻입니다. 경제력 있는 노인 혼자 아니면 둘이 사는 집에 가서 주사도 놔주고, 건강 체크도 해주고, 간단한 집안일도 도와주고 하는 것인데 그런 일의 수요가 폭발적으로 늘고 있는 거예요. 사장님 딸인 데다가 4년제 대학까지 나왔는데 그런 일을 하면서 돈을 벌고 있습니다. 중요한 것은 이런 일을 하면서도 '쪽팔려' 하지 않고, 이런 일을 하는 사람을 우습게 보지 않는다는 것입니다.

그동안 우리나라는 마땅히 할 만한 일도 많지 않았지만, 하고 싶어도 체면이나 남의 눈 때문에 쉽지가 않았죠. 그런데 최근 몇 년 전부터 우리나라도 무섭게 바뀌고 있습니다. 제가 얼마 전에 택시를 탄 적이 있습니다. 기사분의 나이가 60이 넘었는데 외국 회사의 서울 지사장을 역임하셨다고 합니다. 이분이 지사장을 할 때는 기사가 딸린 에쿠스를 탔고 부인은 사모님 소리를 들었다고 합니다. 이분이 대단한 것이 지사장직을 끝내자마자 목표를 세웠는데, 3년 이내에 개인택시 받을 자격을 취득한다는 것이었습니다. 그렇게 하려면 영업용 택시 3년 무사고 운전을 해야 한다고 합니다. 제가 만났을 때 1년 8개월이 됐다고 하더라고요. 지금 이런 사람이 늘고 있습니다.

돈이 있다면 보람을 찾아라

그럼 퇴직 후에 먹고살 걱정이 없는 사람들은 어떻게 할까요? 유감스럽게도 이런 사람은 전체 퇴직자의 20~30%밖에 안 될 것으로 생각합니다. 그러면 그런 사람들은 퇴직도 했고 생계 걱정도 없으니 놀고먹으면 될까요?

인생이 그렇게 단순하지가 않습니다. 특히 도시에 사는 사람일수록 퇴직 후 소일거리가 없으면 너무 괴롭습니다. 요즘 서울 시내 일류 호텔의 헬스클럽에 가보면 왕년에 장관, 차관, 사장 했던 사람들을 많이 볼 수 있습니다. 거기서 오전 시간 때우고 오후는 카페에서 때웁니다. 얼마 전에 정부의 높은 자리에 있던 지인이 저녁 먹으면서 하던 말이 생각납니다. 아침에 잠에서 깨면 침대에서 내려오기 전에 '오늘은 뭐 할까?' 이 생각부터 한답니다. 하루 이틀도 아니고 30년, 40년 그렇게 살면 얼마나 힘들겠습니까.

그래서 선진국에서는 퇴직하고 먹고살 걱정이 없는 사람들은 취미 활동 절반, 봉사 활동 절반이면서 약간의 용돈벌이를 할 수 있는 일을 한다고 합니다. 그 대표적인 것이 NPO^{Non-Profit Organization}(민간 비영리 조직) 활동입니다. 미국에는 약 200만 개의 NPO가 있는데요, 퇴직하고 그런 조직에 가서 무언가 보람 있는 일을 합니다. 그러면서 보수는 현역 시절의 30~40% 정도만 받습니다. 먹고살 걱정은 없지만, 아주 공짜는 재미가 없으니까요. 그러면 60~70%가 사회 공헌 활동, 요즈음 유행하는 이른바 재능 기부가 되는 겁니다.

미국에서는 NPO에서 일하는 사람들도 취업 인구에 포함시킵니다. 얼마 전에 발표된 통계를 보니까 이들이 전체 취업 인구의 10% 정도나 되더군요. 지금 우리도 그런 세상으로 가고 있습니다. '퇴직 후에 무슨 일을 하면서 살아야 할까?'를 현역 시절부터 미리미리 고민하고 준비해야 합니다.

은퇴 남편
인기 1위는?

우리는 인생을 살아가면서 세 번의 정년을 맞이하게 됩니다. 첫 번째가 고용 정년입니다. 법으로는 60세이지만 제대로 지켜지는 경우가 많지 않습니다. 앞에서 언급했습니다만, 2020년 9월에 취업 컨설팅 업체 잡코리아가 조사, 발표한 자료를 보니까 40대 이상의 직장인이 체감하는 평균 퇴직 연령은 51.6세인 것으로 나와 있었습니다. 어쨌든, 법정 정년 60세에 퇴직한다고 해도 대부분의 퇴직자는 매우 건강합니다. 그래서 약간의 수입을 얻는 일이든 자원봉사 활동이든, 스스로 정해서 하는 일의 정년이 있습니다. 그리고 마지막으로 하나님이 불러 가는 정년, 인생 정년입니다.

고용 정년, 일의 정년, 인생 정년. 이 세 번의 정년을 어떻게 맞이할 것인가?

이 세 번의 정년에 대한 준비를 하고 사는 것이 재테크보다 훨씬 더 중요하다고 생각합니다. 가장 확실한 노후 대비는 재테크가 아니고 평생현역입니다. 돈이 있으면 있는 대로, 없으면 없는 대로 말이죠.

가장 확실한 노후 대비는 평생현역

제가 어느 강의장에서 이 말을 끝냈더니 한 남자분이 벌떡 일어나 이렇게 말하는 것입니다.

"아니, 왜 남성들에게만 일을 해야 한다고 그러세요? 점심 때 시내 음식점에 가보세요. 맛있는 건 여성들끼리 모여 다 먹고 있지요? 헬스장에 한번 가보세요. 땀 뻘뻘 흘리며 운동하고 있는 건 대부분 여성들이에요. 그런데 왜 남성들에게만 퇴직 후에도 일을 하라는 건가요?"

여성분들은 퇴직한 남성들의 이런 섭섭한 마음을 이해하셔야 할 것입니다.

또, 긴긴 후반 인생에 부부가 화목하기 위해서는 남편이 돈이 되든 안 되든 소일거리를 갖도록 도와드려야 하지 않을까 생각합니다. 앞에서 소개한, 외국 회사 지사장을 역임하고 택시 기사를 하고 계신다는 그분이 마지막에 이런 서글픈 이야기를 하시더군요.

"제가 이 일을 하니까 주위 사람들은 '당신 참 대단하다'라고 응원을 해주는데, 정작 제 아내와 딸은 동네 창피하게 왜 그런 일을 하느냐고 그러네요. 이런 말을 들을 때는 제가 아무래도 인생을 헛산 것 같아 서글퍼져요."

퇴직 후 일을 찾는 데에는 가족의 응원이 절대적으로 필요하다는 생각이 들었습니다.

퇴직 후에도 자기만의 일이 있어야 한다

———————————◆———————————

남성분들은 고생고생하면서 꼴보기 싫은 사람 참아가면서 일하다가 퇴직했는데, 집에서 삼식이니 영식이니 하고 조롱거리의 대상이 되면 섭섭하달까, 서글픈 마음이 드는 게 당연하다는 생각이 듭니다. 그런데 이것도 생각을 조금만 바꾸면 되지 않을까요? '내 아내만 나에게 야속하게 대하는 게 아니라 다른 집에서도 다 마찬가지 아닐까? 한국 아내들만 그러는 게 아니고 다른 나라에서도 다 마찬가지 아닐까?' 하고 말이죠. 실제로 그렇습니다. 그 증거를 하나 보여드리겠습니다.

일본에 오가와 유리라는 은퇴 전문가가 있는데요, 이 사람이 국내 한 은퇴연구소의 월간지에 기고한 걸 읽어본 일이 있습니다. '일본에서 은퇴 남편 인기 1위'라는 제목의 글이었습니다. 어떤 남편이 은퇴한 후에도 인기 최고일까요?

요리 잘하는 남편? 건강한 남편? 싹싹한 남편? 집안일 잘 도와주는 남편?

이 중에는 답이 없습니다. '낮에는 집에 없는 남편'이라고 합니다. 다른 나라도 다 똑같다는 거지요. 그러니 남성분들은 아내 탓할 것 없이 퇴직하고 나서도 돈이 되든 안 되든 아침 9시부터 오후 5시까지는 자기만의 시간, 소일거리를 갖도록 미리미리 생각해둬야 한다는 얘기입니다.

티베트 종교 지도자 달라이 라마가 이런 말을 했답니다.

"자신이 다른 사람들에게 쓸모 있는 존재가 아니라고 생각하는 노인은 자신이 남에게 유용한 존재라고 느끼는 노인보다 일찍 숨질 가능성이 3배 가까이 높게 나왔다. 부유한 나라에서 고통과 분노의 정도가 더 심한 건 물질적 부가 부족해서가 아니다. 내가 남에게 필요한 존재라는 느낌이나 내가 사회와 함께하고 있다는 느낌을 더 이상 갖지 못하기 때문이다."

은행 최고위직에서 퇴직한 제 선배 한 분이 있는데요, 한번은 이런 말씀을 하시더군요.

"퇴직하고 나니까 쓸모없는 인간이 된 것 같아서 서글프다."

쓸모 있는 인간을 다른 누군가가 만들어주는 게 아니지 않을까요? 스스로 쓸모 있는 사람이 되도록 노력해야 하지 않을까요? 그런데 주위에서 보면 높은 자리에 있던 분들, 끗발 있는 자리에 있던 분들이 이런 게 더 잘 안 되지 않나 하는 생각이 듭니다. 한 번쯤 생각해볼 필요가 있지 않을까요?

지금은
창직의 시대

지금과 같이 청년실업이 넘쳐나는 시대에 퇴직자들이 할 수 있는 일이란 젊은 세대가 할 수 없는 일이거나 하려고 하지 않는 일일 수밖에 없다고 생각합니다. 가능하다면 새로운 일을 만들어서 하는 게 바람직할 것입니다. 새로운 일을 어떻게 만들 것인가? 그런 의미에서 저는 우리 사회가 창직의 시대를 맞이하고 있다고 생각합니다.

오십부터는 노후 걱정 없이 살아야 한다

새로운 직업·직종 만들기

최근 들어 '창직'이라는 말을 자주 듣습니다. '기존에 없던 직업· 직종을 새롭게 만들어내거나 재설계하여 새로운 개념의 직업· 직종으로 만들어낸다'라는 뜻으로 쓰이죠. '창직 전문가'라는 명함을 갖고 일하는 사람도 많습니다. 창직연구소, 창직교육원, 창직협회, 창직전문가과정 등 관련 단체의 설립도 늘고 있습니다. 이런 시대에 새로운 일, 남들이 하지 않는 일을 만들어 취업을 하거나 창업을 할 수 있다면 자신은 물론 사회를 위해서도 아주 좋은 일일 것입니다.

저출산, 고령화, 여성의 경제활동인구 증가, 인터넷 등 첨단 과학기술의 발전, 교육·판매·의료 등 서로 다른 산업들의 융합화 추세 등을 고려할 때 앞으로 창직의 대상이 될 직업·직종 또한 다양하게 나타날 것입니다. 2019년 '한국직업사전'에 등재된 우리나라 직업 수는 총 1만 6,891개에 지나지 않는 데 비해 일본의 직업 수는 총 2만 5,000개이고, 미국은 3만 654개나 됩니다. 이런 점을 봐도 우리나라에는 창직의 여지가 크다는 사실을 짐작할 수 있습니다.

100세 시대에 퇴직 후의 일을 찾는 데에도 창직은 중요한 역할을 합니다. 예를 들어, 창직 전문가인 정은상 맥아더스쿨 교장은 10여 년 전부터 스마트기기와 페이스북 등 SNS를 활용하여 은퇴자들의 창직 지원 활동을 해왔습니다. 퍼스널 브랜드 코칭을 통해 베이비부머들의 인생 이모작을 안내하는 자신의 일 역시 창직의 한 가지 사례입니다. 그 외에도 아이패드 화가, 아이패드 닥터, 포토북 전문가, 여가생활 코치, 모바일 쿠킹스쿨, 토론학교 등 여덟 가지나 되는 직업을 만들어냈습니다.

창직의 경험

저 또한 48년 넘게 금융투자 업계에 종사해오는 동안 몇 번의 창직 경험을 했습니다. 물론 당시에는 의식하면서 한 일이 아니지만, 지나고 나서 생각해보니 그게 창직이 아니었을까 하는 생각이 듭니다. 쑥스럽지만 창직에 대한 이해를 돕기 위해 그 경험을 소개합니다.

첫 번째 경험은 국내 주식시장이 외국인 투자자에게 개방되기 전 해인 1991년의 일입니다. 당시 외국인의 투자자금을 유치하는 국제 업무를 하고 있던 저에게 국내 한 잡지사로부터 해외 전문가의 원고를 받아달라는 요청이 들어왔습니다. 가까이 지내던 일본의 자산운용사 전문가에게 부탁하여 원고를 받아 번역을 하는데 원고 중 IR^{Investor Relations}(상장회사 재무 홍보)에 대한 내용이 있는 것입니다. IR의 의미와 중요성에 대해 처음 알게 된 순간입니다. 즉시 그 전문가를 초청하여 국내 최초로 IR 세미나를 개최했습니다. 그 덕분에 그 후 몇 년 동안 IR 전문가라는 말을 듣게 됐습니다. 이 과정에서 저의 권유를 받은 동료 한 사람은 IR 지원 전문 회사를 설립했습니다. IR 전문가로 유력 상장회사에 스카우트된 동료도 있고, IR협의회도 설립되어 다양한 활동을 벌이고 있습니다. 이제 IR 전문가는 새로운 직업의 하나로 정착됐습니다.

또 하나의 경험은 2000년대 초 자산운용사의 CEO를 맡고 있을 때의 일입니다. 일을 하면서 보니 펀드비즈니스가 성공하는데에는 투자자들에게 장기·분산 투자의 원칙을 인식시키는 일이 중요하다는 생각이 들었습니다. 선진국의 금융 업계에서는 다양한 방법으로 투자교육 활동을 하고 있다는 사실도 알게 됐습니다. 그때부터 CEO 업무 중 상당 부분을 투자교육 활동에 할애했습니다. CEO 임기가 끝난 후에는 미래에셋금융그룹에 투자교육연구소 설립을 제안했고, 그 제안이 받아들여져 10년 가까이 투자교육연구소 소장으로 일했습니다. 베이비부머 세대의 은퇴 문제가 대두하기 시작한 2000년대 중반부터는 여기에 노후설계 교육이 추가되어 지금은 투자교육, 은퇴교육 모두 새로운 직업으로 정착되어가고 있습니다.

2013년에 미래에셋금융그룹에서 나와 1인 독립연구소를 차렸습니다. 1년 반쯤 활동하던 중 트러스톤자산운용으로부터 밖에서 하지 말고 회사 안에 들어와 활동하면 어떻겠느냐는 제안을 받고 트러스톤자산운용 연금포럼을 설립하여 2021년 현재 7년째 일하고 있습니다. 48년 전 제가 금융투자 업계에 입문할 때는 48년 후에 노후설계 교육 일을 하리라고는 상상도 못 했습니다. 그런데 일을 찾아서 하다 보니 여기까지 온 것입니다.

물론 '창직'이라는 게 말처럼 쉬운 일은 아닐 것입니다. 저의 경험 또한 우연의 산물인지도 모릅니다. 그러나 직장인이 시대의 변화를 읽고 새로운 일을 만들어내거나 개선하려는 노력을 끊임없이 해나간다면 자신도 모르는 사이에 그 노력이 창직으로 이어질 수 있습니다. 그 새로운 일을 통해 기존의 직장에서 보다 유리한 위치에 설 수도 있고, 타사로 스카우트되어 갈 수도 있습니다. 또 정년퇴직 후에는 재취업이나 프리랜서 또는 창업으로 이어질 수도 있습니다.

오십부터는 노후 걱정 없이 살아야 한다

갈수록 중요해지는
노노케어

고령화 속도가 가속화됨에 따라 노인돌봄 문제가 대두하고 있습니다. 이에 대한 해결 방안이면서 새로운 일자리를 창출할 수 있는, 노인이 노인을 돌보는 노노케어가 주목받고 있습니다. 건강한 노인이 병이나 그 밖의 이유로 도움을 필요로 하는 노인을 돌보는 것을 '노노케어(노노돌봄, 노노간호)'라고 합니다. 고령 세대끼리만 살고 있는 가정에서 배우자가 다른 배우자를 돌보는 것이 가장 대표적인 노노케어 사례라고 할 수 있고, 예컨대 65세의 자녀가 90세 전후의 부모를 돌보는 것도 노노케어의 일종입니다.

고령화와 핵가족화가 진행되면서 고령자만으로 구성된 세대가 증가함에 따라 가정에서의 노노케어 사례가 급속히 늘어나고 있습니다. 2017년 통계청 자료에 따르면, 우리나라 65세 이상 고령자 중 본인 또는 배우자 부모의 간병·병원 동행 등의 수발을 하는 데 40%가 도움을 주는 것으로 나타났습니다.

또 2017년 일본 후생성이 발표한 자료가 있는데요. 케어가 필요한 65세 이상의 고령자가 있는 세대 중에서 주요 케어자가 65세 이상의 고령자인 세대의 비율이 2001년 40%에서 2017년에는 55%로 증가한 것을 볼 수 있었습니다. 같은 자료에서 주요 케어자가 75세 이상인 세대의 비율은 같은 기간에 19%에서 30%로 늘었습니다.

국내에서는 노노케어를 하고 있는 세대의 비율을 발표한 통계를 아직 보지 못했습니다. 하지만 일본의 고령화율이 29%, 한국이 16%라는 점을 고려할 때 현실적으로 이미 상당한 비율일 것이고 앞으로 급속하게 늘어나지 않을까 생각합니다. 노인 일자리와 관련해서 케어를 하는 노인분들이 많든 적든 어느 정도 보수를 받는 사례를 소개하고자 합니다.

오십부터는 노후 걱정 없이 살아야 한다

한국의 노노케어 사례

최근 들어 우리나라의 각 지방자치단체에서도 노노케어 사업을 적극적으로 벌이고 있습니다(표 3-4). 건강한 노인들에게 일자리를 제공하여 그분들의 삶의 질을 높이고, 고령으로 홀몸이 된 노인들이 케어를 받아 좀더 나은 삶을 살 수 있게 하겠다는 취지로 대부분의 지자체가 적극적으로 사업을 추진하고 있습니다.

표 3-4 ⋯ 서울시 한 구청의 노노케어 참여자 모집 요강

활동 시간	월 30시간 이상(하루 3시간 이내 활동)
보수 및 처우	월 27만 원 지급(월 30시간 이상 활동 시)
주요 활동 내용	• 인사 및 안부 확인
	• 말벗 활동
	• 도시락 배달
	• 생활 상태 점검: 일상가전 및 상하수도 작동 여부 확인, 쌀·반찬 유무 및 규칙적 식사 여부 확인, 손발·이불·의복의 위생 상태 확인 등

자료: 트러스톤자산운용 연금포럼 조사(2017)

    특히 고령화율이 높고 홀로 사는 노인분들이 많은 농촌 지역에서 노노케어 사업이 활발하게 추진되고 있습니다. 2017년에 지인한테서 들은 사례를 소개하겠습니다. 완주시니어클럽이 완주군으로부터 위탁받아 노노케어 사업을 시행하고 있는데, 노

노케어 현장 몇 가지를 소개하면 다음과 같습니다.

백성녀(97) 할머니와 50년 넘게 서로 이웃하여 살면서 어머니처럼 대해주는 전은자(71) 할머니 사례가 있고요. 거동이 불편하여 외출을 못 해서 외딴집에 살고 있는 임춘영(70) 할아버지는 노노케어 사업으로 봉사 활동을 하고 계신 김정희(70) 할머니, 최전자(75) 할머니의 도움을 받고 있습니다. 이 두 분은 같은 마을에서 함께 자란 여자 동창과 이웃 누나라고 합니다. 82세의 류지성 할아버지는 홀몸 노인들을 찾아 5년째 도시락을 배달하며 그분들과 친구 사이로 지내기도 합니다. 월 10회 이내, 1회 방문 시 3시간 봉사, 1회에 2만 7,000원 정도의 활동비를 받는다고 합니다.

이런 비슷한 사업이 전국 지방자치단체에서 전개되고 있습니다. 완주시니어클럽 담당자의 말에 따르면, 공익 활동으로 활동비를 버는 것을 부끄럽게 생각하는 사람이 많아 처음에는 참여자 구하기가 쉽지 않았는데 지금은 인식이 많이 개선되어 참여하고자 하는 사람이 많아졌다고 합니다. 다만 우리나라의 노노케어는 이제 걸음마 단계라고 할 수 있습니다. 긍정적인 것은 외국처럼 노인돌봄을 위한 별도의 직업훈련 프로그램을 도입하는 등 지원을 체계화, 전문화하려는 노력이 이루어지고 있다는 겁니다. 노노케어 봉사자들에게 교육훈련도 이뤄지고 있습니다.

요양원이나 요양병원에도 노노케어 사례가 늘고 있습니다. 일본에서는 요양시설에서 60세 이상 시니어 직원들을 대대적으로 채용하고 있습니다. 우리나라의 경우 요양시설 몇 군데에 물어보니 60대 초·중반 연령의 간병 보조요원을 쓰고 있기는 하지만, 공개적으로 노인 인력을 뽑는 사례가 많지는 않은 것 같습니다. 아직 우리나라는 일본과 같은 인력난에 시달리는 것도 아니고, 조선족 동포들도 많이 오기 때문입니다. 또 전문 간병 일과 보조 일이 분화되어 있지도 않습니다. 그러나 앞으로는 노인 인구가 증가함에 따라 간병 인력이 부족해질 가능성이 크다고 생각합니다.

일본의 노노케어 사례

우리보다 앞서 고령화가 진행되어온 일본에서는 노노케어 활동이 훨씬 더 활발하게 이루어지고 있습니다. 일본의 65세 이상 고령 인구 비율은 29%, 한국은 16%이기 때문에 돌봐야 할 노인의 비율이 더 높습니다. 그래서 각 지자체와 NPO 단체들이 협력하여 노노케어 활동을 전개하고 있습니다. 건강한 노인분들이 약간의 수당을 받으며 봉사 프로그램에 적극적으로 참여하는 겁니다. 이런 봉사 프로그램에는 독거노인에게 도시락 배달하기, 거동이 불편한 사람 대신 쇼핑하기, 안부를 확인하기 위해 정기적으로 전화하기, 병원이나 보건시설에서 휠체어 밀어주기, 우울증 노인들의 이야기를 들어주고 공감을 표시하기(경청봉사), 편지나 문서 대신 써주기, 시력 잃은 사람에게 읽고 싶은 책 낭독해주기 등이 포함되어 있습니다.

앞에서 잠깐 언급했지만, 일본의 요양시설에는 60세 이상 시니어 직원이 급속히 늘고 있습니다. 직원 총 1,123명이 있는 요코하마의 신코복지회라는 요양시설 사례를 소개하겠습니다. 이 요양시설에는 60대 직원이 205명, 70대는 60명이 근무하고 있습니다. 60대 후반에 입사해서 70대에 간병복지사 자격증을 취득한 사례도 있습니다. 심지어 80세 직원이 풀타임으로 일하는 사례도 있을 정도입니다. 간병 업계의 일손이 많이 부족해서입니다.

일본의 노인 간병 업계는 심각한 일손 부족에 시달리고 있습니다. 2017년 말 기준 일본의 평균 유효구인배율은 약 1.6배였습니다. 취업 희망자 1명당 1.6개의 일자리가 있다는 의미입니다. 그런데 간병직의 유효구인배율은 3.7배로 평균의 2배가 넘었어요. 그만큼 사람 구하기가 쉽지 않다는 겁니다. 그 빈자리를 메

오십부터는 노후 걱정 없이 살아야 한다

우면서 간병 업계의 '구세주'로 등장하고 있는 주인공들이 바로 60대, 70대의 건강한 시니어들입니다.

육체적으로 고된 일이 많을 텐데 노인들이 그런 일을 하는 게 힘들진 않을까요? 고령자 직원들은 본인의 희망과 체력에 따라 풀타임 근무를 하는 건강한 시니어도 있지만, 대부분은 체력적 한계 때문에 하루 4~5시간, 주 2~4일 일하는 경우가 많습니다. 이들은 CA^{Care Assistant}(케어 어시스턴트)로 요양시설의 침구 정리나 청소 등 보조 업무를 맡아 함으로써 전문 간병 직원들의 일 부담을 덜어줄 뿐만 아니라, 같은 세대 입주자들의 편안한 말벗이 되어주기도 합니다. 이 외에 배식, 설거지, 산책 동행 등도 해주고요.

요즘 일본의 간병 업계 구직 사이트를 들여다보면 관련 업체들이 '60세 이상 대환영, 비경험자도 환영' 등의 문구를 내걸고 시니어들에게 구애를 펼치는 것을 쉽게 볼 수 있습니다. 고령의 베테랑 직원을 오래 붙잡아두기 위해 정년을 70세까지 늘리거나 정년 자체를 아예 없애는 요양시설도 있을 정도입니다. 심지어 여기서 70대의 자녀가 90대 부모를 간병하는 사례도 있습니다.

또한 지방자치단체는 건강한 시니어들이 요양시설에 적극적으로 취업할 수 있도록 지원제도를 만들어 돕고 있습니다. 60세 이상 시니어가 일본 간병 업계의 '귀하신 몸'으로 급부상한 겁니다. 그리고 일반적으로 간병인은 여자일 것으로 생각하기 쉬운데 남자 간병인도 늘고 있습니다. 3명 중 1명이 남자 간병인이라고 하니, 성별의 경계조차 희미해지고 있는 거죠. 그 밖에 4차 산업혁명 기술, 로봇 기술 등을 접목하여 기계화 농업처럼 간병의 육체노동 비율을 낮추려는 노력도 같이 이뤄지고 있습니다.

건강한 시니어들의 활약은 노노케어에서 그치지 않고 노노접객接客 영역까지 확장되고 있습니다. 노노접객이란 고령자가 동년배 고령자 손님을 응대하고 대접하는 것을 뜻하는데, 매스컴에서 이를 노노접객이라고 이름 붙였습니다. 구체적인 사례로는 슈퍼마켓 식품판매 코너의 77세 할아버지 판매원, 보청기 업체의 60~70대 고령자 판매원 등이 있습니다. 연륜에서 오는 경험과 지식이 고객에게 신뢰를 주기에 인기가 높습니다. 이런 분들은 경험이 많고 고객과 의사소통을 원활히 할 수 있다는 장점이 있습니다. 심지어 몇 시간 동안이나 고객의 말을 들어주는 사례도 있다고 합니다. 노인분들 중에서는 말할 상대가 없어 외로움을 겪는 사람이 그만큼 많기 때문입니다.

일본에도 '폭주노인'이라고 해서 소란을 피우고 화를 내는 노인이 많은데 이때 딱딱한 매뉴얼에만 의존하지 않고 고객의 기분에 맞춰 임기응변으로 대응할 수 있는 사람들은 바로 비슷한 연령대의 노인분들입니다. 도쿄건강연구소 자료에 따르면 노노케어든 노노접객이든, 이렇게 일을 하는 노인들의 근육이 더 튼실했고, 친구도 더 많고, 노화 속도가 지연됐다고 합니다. 남을 도운 것이 자신을 도운 셈입니다.

우리나라에도 노인이라고 부르기 민망할 정도로 건강하고 활동적인 노인분들이 많습니다. 그분들이 이런 일자리에서 다양하게 일할 수 있는 환경을 만들 필요가 있습니다. 이를 통해 서로 돕는 건강한 고령 사회를 이뤄가면 좋지 않을까요?

평생현역을 실천하는
사람들

몇 년 전에 공무원연금공단에서 퇴직한 공무원들을 대상으로 퇴직 수기를 공모한 일이 있는데 제가 우연히 심사위원을 맡게 됐습니다. 심사를 위해 105분의 수기를 읽었는데, 정말 깜짝 놀랐습니다

저는 공무원은 60세까지 정년이 보장되고, 연금도 300만 원 이상 받기 때문에 아무 걱정이 없는 사람들일 것으로 생각했었습니다. 그런데 전혀 아니었습니다. 제가 읽은 수기의 90% 이상이 '퇴직하고 나니까 절벽이더라'라는 내용이었습니다. 제일 힘

든 게 무엇이었을까요? 갈 곳이 없는 것이라고 했습니다. 그 수기들 중에서 한 분의 사례만 익명으로 소개합니다.

어떤 공무원의 수기

이분은 고급공무원으로 퇴직한 후 요양 보조원으로 일하시던 분입니다. 처음에는 퇴직도 했고 연금도 있으니까 한번 신나게 놀아보자는 생각을 했다고 합니다. 그런데 웬걸, 오래가지 못했대요. 3개월 놀아봤더니 즐겁기는커녕 답답해서 미치겠더라는 것입니다. 제일 힘든 게 아침에 일어나면 아내 눈치가 보이는 것이었다고 해요. '저 양반은 오늘도 안 나가나?' 하고 생각하는 것 같더라는 거죠. 동네 도서관에 갔더니 노인분들이 신문 한 장 보려고 쟁탈전이 벌어집니다. '안 되겠다, 취직해야지' 생각하고 여기저기 원서를 보냈는데, 준비가 안 되어서인지 면접 보러 오라는 곳이 없더랍니다.

그런데 하루는 한 군데서 면접 보러 오라는 통지가 왔습니다. 놀라서 보니까 요즘 많이 생기는 주간노인보호센터였습니다. 앞에서도 소개했지만, 100세 시대가 되다 보니 요즈음 젊은 노인이 나이 든 노인을 도와주는 것이 큰 일거리가 됐죠. 준비를 단단히 하고 면접에 갔더니, 면접관이 "여자 뽑으려고 그랬는데, 남자분이 오셨네?" 이러더라는 것입니다. 이 말에 놀라서 남자가 좋은 이유를 열심히 설명했습니다. 그리고 합격을 했습니다.

하루에 5시간에서 6시간 동안 일하는데, 아침에 자동차로 노인분들을 센터로 모셔 와서 같이 놀아주는 일입니다. 그리고 이분이 아주 싹싹한 성격인 것 같습니다. 시골에 노모가 혼자 계신데, 노모를 생각해서 이분들한테 잘해드려야겠다고 마음먹었답니다. 요즈음 주간노인보호센터가 여기저기 생기면서 노인분들이 마음에 안 들면 다른 데로 가버린대요. 그렇게 가버리면 센터는 입장이 난처해집니다. 그런데 그 센터는 그분 덕분에 오히려 다른 데서 노인분들이 옮겨 온다고 합니다. 센터의 유명 인사가 된 겁니다.

그러면 한 달에 월급을 얼마 받는가? 월급으로 70만 원을 받고 집에서 내던 건강보험료 30만 원을 회사가 내준다고 합니다. 그렇게 100만 원을 벌어다 줄 뿐 아니라 매일 밖으로 나가니 아내분이 얼마나 좋아하겠습니까. 수기의 마지막에 이렇게 쓰여 있었습니다. "그렇게 무섭던 마누라가 천사로 바뀌었다."

퇴직 후 주도적으로 삶을 가꿔가는 사례들

중학교 교장 선생님으로 퇴임한 후 연꽃 재배를 해오신 분도 있습니다. 지금은 80세가 넘어서 얼마 전에 그만두고 쉬고 계십니다. 제가 이분을 어떻게 알게 됐는가? 제 아내가 일산의 국립암센터에서 직장암 수술을 했는데 그분도 같은 날 그곳에서 직장암 수술을 하셨습니다. 직장암 수술 동기인 셈입니다. 그렇게 알게 됐습니다. 이분은 중학교 교장 선생님을 끝내자마자 연꽃 재배를 시작했답니다.

제가 10여 년 전에 한 신문사에서 액티브시니어 사례를 소개하는 일을 했었습니다. 이분을 취재하면서 보니까 수백 평 규모로 연꽃을 재배하고 계셨습니다. 직장암 수술을 하면 6개월 동안 인공항문을 달고 있다가 6개월 후에 복원 수술을 받습니다. 이분은 인공항문을 단 채로 항암 주사를 맞으면서 밭일, 흙일을 하고 계셨습니다. 그렇게 하니 오히려 고통을 잊을 수 있다고 하시더라고요.

이분 말씀이, 교장을 역임했던 분들의 모임에 가보면 화제가 딱 세 가지라고 합니다. 첫째가 고스톱 치는 얘기, 둘째가 바둑 얘기, 셋째가 산에 간 얘기입니다. 특히 우리나라 직장인들은 퇴직하면 다 산악인이 된다고 하죠. 그런데 자신은 아침에 일어나면 바로 출근할 데가 있다는 것입니다. 100평 정도의 비닐하우스만 갖고 있으면 굶을 염려가 절대 없는데 왜 사람들은 일이 없다고 불평하는지 모르겠다고 하셨습니다.

58세에 한국전력에서 퇴직하고 문화유산 해설가가 된 분도 있습니다. 이분은 대학을 졸업하고 한국전력에 취직했는데 처음에 발령받은 곳이 충청남도 공주 지점이었다고 합니다. 그런데 그때 공주 지점 지점장님이 문화유산에 관심이 많은 분이었습니다. 지점장님의 일본인 친구가 있는데 주말에 그 친구분이 한국에 와서 같이 공주, 부여 등지의 고적 답사를 다녔다고 합니다. 이분은 신입 직원이다 보니까 지점장님 가방을 들고 따라다녔대요. 그러다 보니 본인도 문화유산에 관심을 갖게 된 겁니다.

문화재청장을 역임하셨던 유홍준 씨가 쓴 『나의 문화유산답사기』를 사서 주말을 이용해 그 코스를 그대로 다녀봤답니다. 총 3년이 걸렸다고 합니다. 퇴직하고 집에 있는데 어느 날 종로 시니어클럽에서 전단이 날아들었습니다. 종로구 거주자로 문화유산 해설에 관심 있는 사람을 대상으로 하는 교육 안내였습니다. 거기서 6주 교육받고 문화유산 해설가가 되셨어요.

저랑 만났을 때 그분이 70대 후반이었는데 너무나 바빠서 시간이 어떻게 가는지 모르겠다고 하시더군요. 일주일 중 사흘은 배우러 다닌다고 합니다. 돈이 많이 들까요? 아닙니다. 무료로 들을 수 있는 고급 강좌가 도처에 널려 있다고 합니다. 나머지 사흘은 경복궁, 창덕궁, 덕수궁에 가서 문화유산 해설하고 약간의 수당을 받습니다. 당시 70대 후반이었는데도 일본어를 배우고 계신다더군요. 일본어를 배워 일본 관광객들에게 해설을 하시겠다는 겁니다.

국책연구소 부원장까지 역임한 후, 50대 초반에 퇴직한 분의 사례입니다. 이분은 퇴직 후 독립연구소로 물류연구원을 만들었습니다. 예를 들면 삼성전자 같은 대기업이 있고, 그 밑에 부품을 만들어서 공급하는 작은 회사들이 있지 않습니까? 연구소도 마찬가지입니다. 대형 종합연구소가 있는가 하면, 어느 한 분야를 독립적으로 연구하는 독립연구소, 1인 연구소도 있습니다. 이분은 그런 생각으로 물류 관련 독립연구소를 만들어 십몇 년을 활동했는데, 2020년에 코로나 사태가 발발하자 사무실을 폐쇄했습니다. 오피스프리office-free로 각자 재택근무를 하면서 일주일에 한 번씩 소호사무실을 빌려서 회의할 때만 만난다고 합니다. 그리고 대부분은 스마트폰, 컴퓨터로 연락하며 원고를 주고받으면서 서로 수정도 하고 그런대요.

저의 일본 지인 중에는 시중은행 재직 중 자동차 부품 업체로 파견되어 DC(근로자 책임)형 퇴직연금 도입 업무를 맡은 게 계기가 되어 75세인 지금까지도 퇴직연금 교육 전문가로 일하는 분이 있습니다. 이분은 원래 학구적인 타입인 데다가 은행 국제 부문에서 일했기에 영어에 능통했습니다. 그 덕분에 단순히 DC형 퇴직연금 도입 업무만을 한 것이 아니라 연금 선진국의 사정을 깊이 연구할 수 있었습니다.

그때까지 일본에서는 퇴직연금 전문가라고 하면 학자, 금융회사(연금사업자) 종사자, 연금 컨설팅 업계 종사자들이 대부분이었는데, 이들은 기업 밖에서 퇴직연금을 바라봅니다. 즉 기업 내부에서 그리고 기업과 근로자 입장에서 퇴직연금을 연구하는 전문가가 거의 없었습니다. 이분은 은행 출신이면서 일반 기업의 DC형 퇴직연금 도입에 관한 실무 경험도 갖추고 있기 때문에, 다른 의미에서 전문가 소리를 듣고 있습니다.

은행 입사 동기생 130명 중 대부분이 퇴직했고, 자기처럼 일하는 동기생은 서너 명에 불과하다고 합니다. 자신이 그 가운데 속할 수 있었던 것은 기업에 파견되어 퇴직연금 실무를 한 덕분이 아닌가 생각한다고 해요. 이분의 경험은, 반드시 한 분야를 계속하는 것이 '평생현역'이 될 수 있는 유일한 방법이 아님을 보여주는 사례라고 할 수 있겠습니다.

증권사 임원으로 퇴임한 후 대학교수, 코이카^{KOICA} 해외봉사 단원까지 하신 분도 있습니다. 이분은 저와 같은 증권회사에서 일했던 동료입니다. 런던 현지법인 사장, 국제본부장 등을 역임하고 50대 초반에 퇴직했는데 재취업을 해보니 2년에 한 번 정도는 새 직장을 구해야 하는 상황이더라는 것입니다. 이래서는 안 되겠다는 생각이 들어 마음을 고쳐먹고, 숭실대 중소기업대학원의 박사 과정에 입학했습니다. 입학 후 학교 근처로 이사해서 젊은 사람들과 같이 5년의 노력 끝에 박사 학위를 받았습니다. 그리고 대학교수로 65세까지 일했습니다.

그 후로는 외무부 계열 기관인 코이카 소속으로 미얀마의 대학에 파견되어 2년간 자문교수를 했습니다. 귀국 후에는 다시 몽골의 금융감독원에 파견되어 금융정책 자문관으로 일했습니다. 제가 증권 업계에 입문했던 1970년대에 미국 전문가들이 우리나라에 와서 많은 자문을 해줬는데, 똑같은 일을 이들 나라에 가서 한 것입니다. 그 일을 마치고 귀국해서 지금은 책을 쓰고 있는데 기회만 있으면 어느 나라로든 나갈 생각이라고 합니다.

초등학교 교장을 하다가 이용원 원장을 하시는 분도 있습니다. 이분은 연금 생활이 가능하기 때문에 퇴직 후 텃밭을 가꾸자는 생각을 했다고 합니다. 텃밭이라고 하지만, 좀 멀리 밭을 하나 사서 농사를 지었습니다. 그런데 여러 사람과 어울리다가 혼자 농사일을 하자니 너무나 외롭더래요. 또 소출을 해서 사람들에게 나눠줘도 고마워하지도 않더라는 것입니다. 사람이 있는 곳에서 뭔가 해야겠다고 생각하고 동네를 다니다가 80 넘은 노인분이 이발 일을 하시는 걸 발견했습니다. 저걸 해야겠다고 생각하고 3수 끝에 이용사 자격을 땄습니다. 그리고 중고 이발 도구를 사서 염가로 이발해주는 이발소를 차렸습니다. 평일 중 사흘 오전에는 요양원, 상이군경회 등의 단체에서 이발 봉사 활동을 하고 나머지는 염가로 유료 이발을 하고 계십니다. 너무나 행복하답니다.

유튜브에서 본 분인데 대기업 임원을 지내다가 퇴직한 후 택배 분류 일을 하시는 분도 있습니다. 그 일이 너무 힘들어서 보통 사람은 하기가 쉽지 않다고 합니다. 그런데 이분은 어떻게 시작했을까요? 퇴직 당시 이분이 과체중이었다고 합니다. 돈을 벌자고 한 게 아니라, 택배 분류 일을 해서 살을 빼겠다는 생각으로 시작한 거예요. 그래서 몸무게를 10kg 가까이 줄였답니다. 그러다 보니까 일에 숙달이 된 겁니다. 지금은 일에 익숙해서 돈도 벌고, 운동도 한다는 생각으로 이 일을 계속하고 있답니다.

이렇게 보면 일은 얼마든지 있겠다는 생각도 듭니다.

그러면 어떤 일을 해야 좋을까요? 가능하면 남이 안 하는 일을 할 수 있어야 행복하다고 할 수 있습니다. 그런 의미에서 저는 지금 창직의 시대가 왔다고 이야기합니다. 사실 주위에 새로운 일들이 놀랄 정도로 많이 생겼습니다. 아이패드 화가, 반려동물 장의사, 정리수납 전문가 등도 새로운 직업이죠. 혹시 인터넷 장의사라고 들어보셨습니까? 인터넷에서 어떻게 장례를 지내나 궁금했는데, 과거 흔적을 지워주는 일을 하더군요. 이런 일들이 많이 생기고 있습니다. 창의적인 아이디어를 바탕으로 자신이 잘하는 분야 또는 하고 싶은 분야에서 새로운 직업이나 일을 만들어내고, 그 일을 통해 소속되어 있는 회사에서 오래오래 일하거나 아니면 밖에 나가서 창업하는 과정을 창직이라고 합니다. 그런 의미에서 지금이 창직의 시대가 아닌가 생각합니다.

제3장: 가장 확실한 노후 대비는 평생현역

평생현역,
어떤 사람들인가

현재는 창직의 시대와 함께 4차 산업혁명 시대가 동시에 진행되고 있습니다. 새로운 일자리가 생겨나는가 하면, 기존에 있던 일자리는 사라지고 있죠.

생겨나는 일자리, 사라지는 일자리

영국 옥스퍼드대학교 마틴스쿨의 카를 베네딕트 프레이|Carl Benedikt

Frey 교수와 마이클 A. 오즈번^{Michael A. Osborne} 교수가 발표한 「고용의 미래」라는 보고서에 따르면, 자동화와 기술 발전으로 2033년까지 현재 직업의 47%, 즉 절반 가까이가 사라질 것이라고 합니다.

여기에 코로나 사태가 겹치면서 일자리가 사라지는 속도가 가속화되자 많은 사람이 불안을 느끼고 있습니다. 특히 직장인들은 전전긍긍할 수밖에 없습니다. 하지만 4차 산업혁명 시대가 오더라도 결론은 사람입니다. 사람이 만들고 사람이 입력하면서 사람이 느끼기 때문입니다. 다만 미래가 안전하게 보장되어 있지 않은 사회, 수많은 일자리가 사라지고 새로 생겨나는 세상이 도래한 겁니다.

이런 상황에서 퇴직자들은 어떤 일자리를 찾아야 할까요? 앞서도 이야기했다시피, 젊은 세대가 할 수 없는 일이거나 하려고 하지 않는 일이어야 하지 않을까 생각합니다. 가장 바람직한 건 젊은 세대가 할 수 없는 일을 새로 만들어서 하는 것입니다. 그게 안 된다면 젊은 세대가 하려고 하지 않는 일, 허드렛일에 가까운 일을 할 수밖에 없을 것입니다. 체면을 버리고 그런 일을 할 준비가 되어 있어야 합니다.

평생현역을 실천하는 사람들의 공통점

저는 20년 가까이 노후설계 교육 활동을 해오면서 평생현역을 실천하는 사람들에게는 어떤 공통점이 있는지 살펴봤습니다.

첫 번째는 '가장 큰 투자 엔진은 자신의 직업'이라는 인식이 확고하다는 것이었습니다. 직장인은 자신의 능력, 즉 인적자산의 대가로 월급을 받고 보너스를 받습니다. 그런데 특히 평생현역을 실천하는 사람들은 지금 자기가 하고 있는 일이 그만큼의 수입을 발생시키는 금융자산이라고 생각합니다. 그래서 자기 자신이라고 하는 인적자산에 끊임없이 투자해서 일류로 거듭나려고 노력합니다. 그것이 투자의 왕도라는 인식이 확고한 분들입니다.

두 번째 특징은 변화하는 환경에서 자신의 주특기를 살릴 수 있는 일을 찾기 위해 끊임없이 노력한다는 겁니다. 쑥스럽지만 다시 한번 제 경험을 이야기해보겠습니다. 저는 1980년대에 일본에서 근무했고 귀국한 후에도 일본과 관련된 업무를 하면서 일본 전문가라는 말을 들었습니다. 그런데 1990년대가 되니까 일본이 장기불황에 들어섰습니다. 그에 따라 일본과의 비즈니스가 확 줄어버렸습니다. 저와 같이 일본 전문가로 일하던 사람들이 할 일이 없어 회사를 그만두기 시작했습니다.

저는 그때 우연히 일본에서 금융과 관련된 여러 가지 제도나 관행 측면의 잘못된 점을 반성하는 서적이나 자료가 많이 나오고 있다는 걸 알게 됐습니다. 미국, 영국, 유럽 등 금융 선진국들의 제도와 비교해서 일본이 획기적인 개혁을 해야 한다는 조사 보고서들이었습니다. 1980년대까지만 해도 우리나라 금융제도는 일본 것을 수입해 온 게 많았습니다. 그러니 일본의 문제는 우리나라의 문제라고도 할 수 있죠. 저는 이런 내용을 열심히 소개했습니다. 특히 일본에서와 마찬가지로 한국에서도 자산운용업이 중요해질 것이라는 주장을 담은 자료를 만들어 언론에 발표했습니다. 그러던 중 신설 자산운용사의 경영을 맡아 해보라는 제안을 받고 자산운용 업계에 입문하게 됐습니다.

운용사의 CEO를 하면서 앞서 이야기한 투자교육, 노후설계 교육을 시작했습니다. 그러던 중 2020년에 코로나 사태를 맞이했습니다. 강의나 세미나 활동이 순간적으로 사라져버렸어요. 바로 그때 유튜브를 만났습니다.

유튜브 영상을 찍어서 올려보니까 영상에 따라서는 조회 수가 100만 회가 넘게 나오는 겁니다. 1년에 대면 강의를 200회 한다고 해도 1회에 평균 70명을 대상으로 한다면 1년에 1만 4,000명 정도밖에 들을 수 없습니다. 그런데 유튜브는 한 번에 몇백만 명도 들을 수 있습니다. 새로운 세상이 도래한 것입니다. 그렇게 개설한 유튜브 채널 트러스톤TV 덕분에 유튜브 강의, 온라인 강의, 온라인 세미나를 할 기회가 크게 늘었습니다. 원래 하던 일이 줄어들어도 언택트 시대에 맞춰 새로운 콘텐츠를 제작하면 할 수 있는 일이 무궁무진하다는 걸 깨달은 것입니다.

세 번째 특징은 자신만의 브랜드를 만들어서 남들과 차별화하기 위해 노력하는 사람들이라는 겁니다. 자신이 전문직 종사자든 샐러리맨이든 수천 명 중에서 자기 자신을 확실히 드러내려고 노력하는 사람들이라는 거죠. 특히 회사원이라면 박 과장, 김 상무 식으로 기억되기보다는 어느 분야의 전문가 김갑돌, 김삼순으로 기억되도록 의식적으로 노력하는 사람들이었습니다.

네 번째 특징은 퇴직 후 재취업을 했을 경우, 재취업한 회사의 입장에서 매사를 생각하는 것이 습관화되어 있다는 것입니다. 어디가 됐든, 재취업을 했을 때는 그 회사의 입장을 고려해야 합니다. 특히 공공기관이나 대기업에서 퇴직한 후 중소기업에 재취업하는 사람의 경우에는 특별한 마음가짐이 필요합니다.

평생현역을 실천하는 사람들은 우선 임금 수준이 전 직장에서보다 크게 낮아지는 것을 당연하게 생각합니다. 우리나라의 대부분 기업에서 30대까지의 종업원은 회사에 대한 공헌도보다 낮은 수준의 임금을 받는 경우가 보통입니다. 그러다가 40세 전후 관리직이 될 무렵부터 회사에 대한 공헌도 이상의 임금을 받게 됩니다. 젊은 시절에 적립해두었던 부분을 찾아오는 시기라고도 할 수 있습니다. 따라서 재취업 후에는 이전과 똑같은 일을 해도 급여가 전 직장과 비교도 안 될 수준으로 낮아지는 게 보통인데, 이런 상황에도 실망하지 않습니다. 자신의 가치가 낮아진 게 아니고 전 직장에서 받았던 '지불 초과분'을 못 받게 된 것일 뿐이라고 생각하니까요.

이분들은 재취업한 직장을 함부로 전 직장과 비교해서 비하해 말하는 것도 조심합니다. 큰 조직에서 근무하다가 중소기업에 재취업하게 되면 그 회사의 시스템이나 시설이 크게 뒤떨어져 있음을 발견하게 될 수도 있습니다. 또한 큰 조직에서는 자기가 맡은 일만 열심히 하면 됐는데, 여기에서는 심한 경우 화장실 청소에 이르기까지 이런저런 일을 해야 하는 경우도 생깁니다. 큰 조직의 시스템에 익숙해진 사람에게는 이해가 되지 않을 수도 있습니다. 그런데 왜 대기업이 중소기업에 하청을 줄까요? 효율성 면에서 중소기업이 대기업보다 뛰어나기 때문입니다. 이 점을 충분히 이해한 후에 전 직장과 비교를 한다는 것입니다.

또 한 가지는 사소한 비용이라도 꼭 필요한 것인지 따져보고 지출하는 습관을 갖는다는 것입니다. 최근 들어 소유와 경영이 분리된 대기업보다 가족경영 기업의 우위성이 주목을 받고 있는데, 가장 큰 이유는 가족경영 기업의 오너들은 회삿돈을 자기 돈처럼 생각하기 때문입니다. 인간은 남의 돈을 쓸 때는 자기 돈을 쓸 때처럼 아끼지 못합니다. 공공기관이나 대기업에서 각종 비용 지출에 낭비가 많은 이유가 바로 이것입니다. 정년 후 재취업을 하게 되는 중소 영세기업은 대부분 가족경영 기업일 것입니다. 이들 회사의 오너 또는 사장은 회삿돈을 자기 돈처럼 생각합니다. 따라서 대기업에서는 당연하게 지불되는 경비까지도 아끼는 경향이 있습니다. 큰 조직에서 근무하다가 재취업해서 오래 근무하는 사람들은 특히 이런 점을 명심하는 분들입니다. 물정 모르고 낭비한다는 말을 듣지 않도록 항상 조심하는 겁니다.

오십부터는 노후 걱정 없이 살아야 한다

파이어족을 꿈꾸는
젊은 직장인들에게

젊은 직장인 그리고 동학개미 투자자들에게 저는 이런 말씀을 드리고 싶습니다.

"20, 30대가 가장 먼저 할 일은 3층연금을 쌓는 것이고, 두 번째는 인적자산 투자입니다."

인적자산에 투자한다는 것은 자신의 몸값을 높이기 위해 노력하는 것을 말합니다. 우리가 직장에서 하고 있는 일도 금융자산이라고 할 수 있습니다. 일을 하면 월급이 나오고 성과급, 퇴직금도 나오니까요.

가장 중요한 금융자산은 자기 자신

요즘 유행하는 말 중 하나가 '돈도 일하게 하자'입니다. 그런데 많은 사람이 돈한테만 일하게 하려고 하는 건 아닌가 하는 생각이 들 때가 있습니다. 행복한 노후를 보내기 위해서는, 직장인이라면 일에서 성공하는 것이 훨씬 더 중요합니다. 그래서 저는 특히 젊은 직장인들에게 '가장 큰 투자 엔진은 자신의 직업이다'라는 말을 강조합니다.

직업에서 성공하기 위해서는 가장 중요한 금융자산인 자기 자신, 즉 인적자산에 투자해야 합니다. 예전에는 대다수 사람이 취업 후 커리어를 쌓아가며 승진하고 연봉을 높여가는 것을 대표적인 성공 과정으로 여겼습니다. 그런데 요즘에는 '주식으로 대박을 터뜨려서 회사를 빨리 그만두고 싶다'라고 생각하는 사람들이 늘어나고 있다고 합니다.

이 문제에 대해서는 신중하게 생각할 필요가 있습니다. 요즘 조기 퇴직도 많아지고, 세상이 어수선해지다 보니 특히 젊은이들이 이런 생각을 하기 쉽습니다. 하지만 그렇게 생각하고 30~40대에 돈을 좀 모아서 퇴직한 사람들이 60~70대가 되어 후회하는 사례를 많이 봤습니다.

그렇다면 조기 퇴직을 하는 사람들의 바람직한 모습은 어떤 것일까요? 외국의 펀드매니저를 예로 들어보겠습니다. 펀드매니저는 주말에도 일해야 할 정도로 스트레스가 많은 직업입니다. 대신 돈을 많이 받으니까 한창 젊을 때 미친 듯이 일해서 돈을 많이 모은 후에 조기 퇴직을 하기도 합니다. 퇴직하고 나서는 그냥 노는 게 아니라 새로운 사업을 하거나, 사회 공헌 활동을 하거나, 취미 활동을 합니다. 세계적인 거부 빌 게이츠가 지금 중점적으로 하고 있는 것이 사회 공헌 활동이지 않습니까?

일의 의미는 돈에만 있지 않다

저는 '파이어FIRE, Financial Independence Retire Early족'이라고 하는 사람들이 자기 나름대로 인생 계획을 세운 뒤에 퇴직을 하면 문제가 없다고 생각합니다. 그런데 지금 당장 짜증이 나니까, 돈을 열심히 모아서 경제적 자유를 성취한 다음 자유롭게 놀자는 식이면 나중에 후회할 확률이 매우 높습니다. 일의 의미는 돈에만 있지 않기 때문입니다. 외로움, 건강, 정신적으로 충만한 삶이 모두 '일'과 관련되어 있습니다.

제 주변에도 주식 투자로 돈을 벌어서 일찍 퇴직한 분들이 있는데요. 그분들을 보며 느낀 점이 있습니다. 첫 번째는 과연 그때 벌어두었던 돈이 10년, 20년 후에도 유지가 되느냐입니다. 직장에 다니면 약간의 부침은 있어도 월급이 꾸준히 나옵니다. 그런데 투자라는 것은 항상 성공한다는 법이 없기 때문에 오히려 돈을 잃을 수도 있습니다. 두 번째는 돈은 있는데 소일거리가 없으면 중년쯤 되어서 마음의 공허함을 느끼는 경우가 많다는 것입니다. 지금은 젊고 세상이 어렵기 때문에 빨리 돈을 벌어서 빨리 은퇴하고 싶다는 생각을 가질 수 있습니다. 그러나 그렇게 하고 싶다면, 후반 인생에 무엇을 하며 살 것인가를 확실히 정해둘 필요가 있습니다. 그런데 이런 생각을 하고 실천에 옮기는 사람은 의외로 많지 않은 것 같습니다.

제 입사 동기 중에도 퇴직 후 생활비 걱정은 없는데, 갈 데가 없는 게 가장 큰 고민이라고 말하는 친구들이 있습니다. 결국, 조기 퇴직을 하려는 사람들에게 바람직한 모습은 후반 인생에 자기실현 활동을 할 것인지, 취미 활동을 할 것인지, 아니면 사회 공헌 활동을 할 것인지 등을 미리 정해두는 것이 아닐까 생각합니다.

연금은 영어로 펜션pension인데, 이 단어에서 우리가 잘 아는 숙박 시설 '펜션'이라는 단어가 나왔다고 합니다. 일찍이 1520년대에 '근무연한에 대한 보수로 주는 정기적인 지불금'이라는 뜻으로 최초로 기록됐다고 하죠. 그리고 1640년대에 프랑스에서 연금 생활자들이 자기 집 빈방을 싼값에 임대해주고 일도 하고 약간의 수익도 얻으면서 싸게 머물 수 있는 숙박시설을 펜션이라는 이름으로 불렀다는 겁니다. 연금이라는 단어에 애초부터 '일'이 깊게 연관되어 있다고 할 수 있습니다.

그러니까 '조기 퇴직은 자기가 하고 싶은 일을 하는 후반 인생을 선택하는 것이지, 무작정 놀기 위한 것은 아니다'라는 말씀을 드리고 싶습니다.

100세 시대 자산관리, 이것만은 기억하자

인생 단계별
자산관리 전략

"퇴직금으로 투자해서 노후 자금을 마련하고 싶은데 어떻게 하면 좋을까요?"

퇴직 예정자를 대상으로 강의할 때 자주 받는 질문입니다. 투자를 해서 번 돈으로 노후 생활비를 대겠다는 생각일 것입니다. 대답하기에 참 어려운 질문입니다. 퇴직을 앞두고 있는데도 자산관리에 대한 마음가짐은 현역 시절과 달라진 게 없어 보이기 때문입니다. 퇴직 후 노후 자금이 모자랄 것이라는 초조함 때문에 투자 자체만을 목적으로 하고 있는 거죠. 그래서는 안 됩니다. 100세 시대의 직장인은 인생 단계별로 시기에 맞는 자산관리를 해야 합니다.

인생 단계별 3단계 자산관리

첫 번째 단계는, 자산을 적립하면서 운용하는 시기 또는 일을 하면서 운용하는 시기입니다. 직장 생활을 시작해서 퇴직하기 직전까지의 기간이 이 단계에 해당합니다. 이 시기에는 대부분 지출보다 수입이 많습니다. 생활 자금으로 쓰고 남은 돈을 주로 투자상품에 장기·분산 운용하여 자산을 축적해나가야 합니다.

두 번째 단계는, 인출해 쓰면서 운용하는 시기입니다. 퇴직 후부터 70대 후반까지가 이 단계에 해당합니다. 첫 번째 단계에서 축적한 자금 중 생활비의 일부 또는 전부를 인출해 쓰면서 남아 있는 자금은 금융상품으로 운용하는 시기입니다. 일에서는 은퇴했지만 자산운용에서는 아직 은퇴를 하지 않은 시기인 겁니다. 이 단계의 최대 목표는 세 번째 단계에서 필요한 자산을 충분히 남겨놓는 것입니다. 따라서 운용과 인출의 균형이 중요합니다. 자신에게 맞는 인출 비율과 남은 자금의 목표 운용수익률을 정해야 합니다. 당장 그 비율을 정하기 어려우면, 우선 국제적으로 통용되고 있는 '연 4% 인출과 남은 자금의 3% 운용 전략'을 따르는 것도 좋습니다.

세 번째 단계는, 자산운용에서도 졸업하여 자산을 인출해 쓰기만 하는 시기입니다. 70대 후반 이후 세상을 떠날 때까지가 이 단계에 해당합니다. 대부분의 자금은 예금이나 그에 가까운 금융상품에 넣어두고 인출해 쓰기만 하는 겁니다. 이 단계에서는 다른 무엇보다도 생활비를 규모 있게 인출하고자 하는 노력이 중요합니다.

이상의 세 단계 중 제1단계인 현역 시절에는 시간을 들여 장기·분산 투자를 하기만 하면, 실행 여부가 문제일 뿐 자산 형성 자체에는 어려움이 없습니다. 투자의 최대 무기라고 할 수 있는 '시간'이 있기 때문입니다. 그러나 퇴직 후인 제2단계와 제3단계에서는 자산을 늘리기보다는 줄어드는 걸 관리하는 방법, 즉 인생의 내리막길을 무사히 내려가는 전략이 더 중요합니다. 내리막길에서 굴러떨어지지 않고 천천히 계단을 내려갈 방법을 생각해야 하는 겁니다.

퇴직 후 자산관리에서 유의할 점

제2단계와 제3단계의 자산관리 전략을 세울 때는 다음 몇 가지 점을 유념해야 합니다.

첫째, 퇴직 후의 생존 기간이 상상 이상으로 길다는 점입니다. 노후설계를 할 때 평균수명에서 현재의 나이를 뺀 만큼의 기간을 생존 기간으로 상정하고 설계하는 사례가 많은데, 그보다는 생존 확률 20%를 기초로 생존 기간을 상정하는 게 바람직합니다. 예를 들어 현재 60세인 사람의 20% 생존 확률은, 통계청 간이생명표를 참고로 제가 계산해본 바에 따르면, 남성 91세, 여성 95세입니다. 만약 아내의 나이가 남편보다 3년 아래라면, 남편의 60세 퇴직 후 38년의 생존 기간을 상정하고 설계해야 한다는 뜻입니다.

둘째, 퇴직 후의 매월 생활비를 일정 금액이 아닌 '비율'로 계산하는 방법이 바람직합니다. 퇴직 후 여유 있는 생활을 하려면 월 300만 원이 필요하다는 식의 자료가 발표되고 있지만, 별로 현실적이지 않습니다. 사람마다 처한 환경이 다르기 때문입니다. 목표대체율을 적용하는 게 합리적인 방법입니다. 목표대

오십부터는 노후 걱정 없이 살아야 한다

체율은 퇴직 후 연간지출액이 퇴직 직전의 연간 수입액에 대해 어느 정도 비율인가를 나타냅니다. 연간 수입이 높을수록 목표 대체율은 낮아지는 게 일반적입니다. 예를 들어 퇴직 직전 연 수입이 6,000만 원이었던 직장인이 퇴직 후 생활비 목표대체율을 60%로 잡는다면 퇴직 후 생활비는 연간 3,600만 원, 즉 월 300만 원이 됩니다.

셋째, 3층연금과 일의 중요성에 대한 인식입니다. 매월 일정한 연금수입과 재취업을 통한 근로소득을 얻을 수 있다면 그만큼 자산관리를 하기가 쉬워집니다. 예를 들어, 부부합산 3층연금 예상 수령액이 월 150만 원이라고 가정하면, 월 생활비 300만 원 중에서 나머지 150만 원은 자조 노력으로 조달해야 합니다. 지방 도시나 퇴직자 전용 주거 지역으로 이전하는 등의 방법으로 생활비를 절약할 필요가 있습니다. 이런 노력에도 불구하고 모자라는 생활비는 그동안 마련해둔 노후 자금에서 인출해 쓸 수밖에 없습니다.

주택연금을 활용해 연금수입을 늘리는 것도 하나의 방법입니다. 예를 들어 시가 5억 원의 아파트를 보유하고 있다면, 이를 담보로 60세에 종신형 주택연금에 가입할 경우 세상을 떠날 때까지 월 100만 5,000원씩(2021년 8월 5일 기준)을 받을 수 있습니

다. 재취업을 해서 근로수입을 확보하고자 하는 노력은 더욱더
중요합니다. 남의 눈을 의식할 필요가 없습니다. 약간의 소득
이라도 얻을 수 있는 일을 하면, 노후 자금뿐 아니라 건강 문제
나 고독과 같은 퇴직 후의 불안에서 벗어나는 데에도 큰 도움이
됩니다.

가계 자산이 어떤 구조로
되어 있는가

우리 집의 재산 상태부터 살펴보자

나이가 50이 넘어 퇴직이 가까워지면 1년에 한 번 정도는 부부가 같이 앉아 우리 집의 재산 상태를 살펴볼 필요가 있습니다. 기업의 재무 현황을 나타내는 표를 재무상태표라고 합니다. 그와 마찬가지로, 우리 집의 재무상태표를 만들어보는 것입니다.

방법은 간단합니다. A4 용지 위에 'T' 자를 긋고, 왼편에는 보유 자산을 나열하고 시가를 적습니다. 자산은 실물자산과 금융

표 4-1 ··· 가계 재무상태표 예

자산	부채	
실물자산: 아파트, 자동차, 기타 금융자산: 현금, 예금, 주식, 채권, 펀드, 보험, 연금	7억 원	
	자기자본	
	3억 원	
계 10억 원	계 10억 원	

자산으로 나눕니다. 실물자산의 예로는 아파트 1채 5억 원, 중고 자동차가 있으면 1대 100만 원 등 이렇게 적습니다. 금융자산은 현금, 예금, 주식, 채권, 펀드, 보험, 연금을 나열하고 이것도 시가를 씁니다. 보유 자산 시가의 합계를 냈더니 10억 원이라면 우리 집의 자산 합계가 10억 원인 겁니다.

오른쪽에는 은행이나 신용금고에서 빌려온 돈, 즉 부채를 적습니다. 합계가 7억 원이라면 자산 합계 10억 원에서 부채 합계 7억 원을 뺀 3억 원이 순수한 우리 집 돈, 즉 자기자본입니다. 1년에 한 번 정도 부부가 같이 앉아 이런 식으로 우리 집의 재무상태표를 만들어보면 노후 대비 자산관리 측면에서 자산 구조에 어떤 문제가 있는지, 어떤 대책을 세워야 할지 알 수 있게 됩니다.

과다한 부채가 왜 무서운가

퇴직 전후에 있는 우리나라 가정의 자산구조를 살펴보면, 크게 두 가지 문제점을 모두 갖고 있거나 한 가지 문제점 정도는 대부분의 가정에서 갖고 있습니다.

첫 번째 문제점은 총자산 규모에 비해 과다한 부채를 안고 있다는 것입니다. 예를 들어 자산 합계가 10억 원인데 부채 합계가 7억 원이라면, 자산구조가 위험한 상태라고 할 수 있습니다. 부채가 총자산의 3분의 2를 넘어가면 위험한 자산구조라고 봐야 합니다. 10억 원의 자산을 다 팔아서 7억 원 빚을 갚으면, 3억이나 남는데 뭐가 위험하냐고요? 위험합니다. 부채(차입금)는 갚지 않으면 줄지 않습니다. 누가 대신 갚아주지 않기 때문입니다. 그러나 집이나 주식과 같은 자산 가격은 불황이 오면 얼마든지 절반으로, 3분의 1로 하락할 수도 있습니다.

실제로 그런 일이 발생한 적이 있습니다. 2007년 가을 금융위기 발생 몇 달 전, 서울 강동구에 있는 34평짜리 아파트가 12억 원까지 올랐습니다. 그런데 이듬해인 2008년 금융위기 발발 직후에는 6억 원까지 내려갔어요. 1년도 안 되는 사이에 반 토박이 난 것입니다. 주식이나 다른 자산들에서도 불황이 오면 얼마든지 이런 가격 하락 현상이 나타날 수 있습니다.

이 예처럼 우리 집의 총자산이 10억 원에서 5억 원으로 줄었다고 가정합시다. 그런데 부채는 갚은 게 없기 때문에 7억 원이 그대로 있습니다. 2억 원의 채무 초과 상태가 되는 것입니다. 퇴직을 앞두고 과다한 빚을 안고 있는 가정에서 제일 먼저 해야 할일은 꼭 필요하지 않은 걸 팔아서라도 빚부터 갚는 것입니다. 과다한 빚을 안고 퇴직하면 엄청나게 괴롭기 때문입니다.

그럼, 빚도 별로 없고 재산도 많은 가정이라면 특별한 문제가 없을까요? 그렇지 않습니다. 그런 가정이라도 대부분 두 번째 문제점을 안고 있습니다. 보유 자산의 80% 정도가 부동산이라는 점입니다.

자산의 80%가 부동산인 우리나라 가계

2020년 여름 한국은행에서 주요국의 구매력평가^{PPP} 환율 기준 가구당 순자산을 발표한 일이 있습니다. 이 자료에 따르면, 우리나라의 가구당 순자산은 53만 8,000달러로 우리 돈으로 환산하면 5억 8,000만 원 정도 됩니다. 미국, 호주, 캐나다는 우리나라보다 많습니다. 놀라운 것은 프랑스가 52만 1,000달러, 일본은 48만 6,000달러라는 점입니다. 프랑스도 일본도 우리보다 몇십

표 4-2 ··· 구매력평가 환율 기준 가구당 순자산(2019년 말)

(단위: 달러)

국가	순자산	국가	순자산
한국	538,000	미국	863,000
호주	742,000	캐나다	599,000
프랑스	521,000	일본	486,000

자료: 2019년 국민대차대조표(잠정), 한국은행

년 앞서 자본축적을 시작한 나라들입니다. 그런데 이 나라들보다 우리나라의 가구당 평균 순자산이 많은 겁니다.

하지만 문제가 있습니다. 우리나라 가계 자산의 과반이 부동산이라는 점입니다. 금융자산 비중은 20%대에 지나지 않습니다. 반면 미국이나 일본은 60~70%가 금융자산이고 부동산 비중은 30~40%에 지나지 않습니다.

우리나라 가정의 부동산 비중이 80%인 게 뭐가 문제냐고 생각할지도 모르겠습니다. 물론 부동산 가격이 계속 오르거나 현재 수준을 유지한다면 큰 문제가 안 될 수도 있습니다. 그러나 지난 30년 동안 일본에서 나타난, 가계 자산 중 부동산 비중의 변화 과정을 살펴보면 무척 걱정이 됩니다.

〈표 4-3〉에서 볼 수 있듯이, 1990년도에는 일본도 부동산의 비중이 60%로 지금의 우리나라와 큰 차이가 없었습니다. 그런데 30여 년이 지난 2019년에는 이 비중이 38% 정도로 줄어들었

표 4-3 ··· 한·미·일 가계의 부동산과 금융자산 비율

(단위: %)

국가		부동산	금융자산
한국(2019)	전체 평균	79	21
	60대 이상 가정	81	19
미국(2017)		30	70
일본	(1990)	60	40
	(2019)	38	62

자료: 한국 한국은행 가계금융 복지조사(2019), 미국 FRB, Fiancial Accounts(2019 2분기), 일본 국민계정(2019)

습니다. 줄어든 이유는 다음 세 가지로 정리해볼 수 있는데, 앞으로 10~20년 사이에 우리나라에도 이런 변화가 나타나지 않을지 냉정하게 생각해볼 필요가 있습니다.

첫 번째 이유는 부동산 가격의 하락입니다. 그 지표의 하나라고 할 수 있는 '일본 3대 도시(도쿄, 오사카, 나고야)의 택지지가지수 추이'에서 잘 나타납니다(그림 4-1). 1982년을 100으로 했을 때, 1991년 피크 때는 290까지 상승했다가 2020년 현재는 120 수준에 있습니다.

두 번째 이유는, 첫 번째 이유의 원인이라고도 할 수 있는데, 부동산에 대한 일본인들의 인식이 변화했다는 것입니다. 현재의 일본인들은 우리처럼 집에 한이 맺혀 있지 않습니다. '집 없으면 어때? 빌려 살면 되지'라는 인식이 강합니다. 예를 들어 몇억

그림 4-1 ··· 일본 3대 도시(도쿄, 오사카, 나고야) 택지지가지수 추이

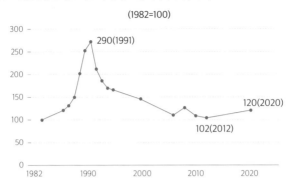

(1982=100)

자료: 일본 국토교통성

원의 금융자산이 있는데 집은 없다면, 은행에서 융자를 받아 내 집을 마련할 것인가 아니면 집은 빌려 살고 그 돈을 다른 곳에 활용할 것인가를 냉정하게 따져봅니다. 반면 우리나라는 어떤 가요? 가진 돈이 없더라도 은행에서 융자를 받을 수만 있다면 무조건 집을 사야 한다고 생각합니다. 그런 사회 분위기가 지배적이죠.

30년 전에는 일본도 내 집, 내 땅에 대한 애착이 지금 우리나라 못지않았습니다. 우리나라나 일본처럼 한곳에 정착해 사는 농경 문화를 가진 나라들은 이동을 전제로 하는 유목민 국가나 해양 국가와 달리 내 집, 내 땅에 대한 애착이 유난히 강하기 때문입니다.

제4장: 100세 시대 자산관리, 이것만은 기억하자

제2차 세계대전 후에 태어난 베이비붐 세대가 내 집 마련을 시작한 것, 도시화 과정에서 농촌에서 도시로 이전한 사람들이 내 집 마련을 시작하면서 주택 가격을 장기간 상승시킨 것도 양국에서 공통으로 나타난 현상입니다. 그런데 일본에서는 1991년을 정점으로 부동산 가격이 급락 국면으로 바뀌면서 내 땅, 내 집에 대한 집착이 약해지기 시작했습니다. 농촌에서 도시로 인구가 이동하는 도시화 과정도 끝났습니다. 오히려 최근에는 도시에서 농촌으로 역류하는 현상까지 나타나고 있죠. 베이비붐 세대의 내 집 마련 러시도 끝났습니다. 이런 과정을 겪으면서 부동산에 대한 인식이 바뀌게 된 것입니다.

이 점에서 우리나라는 어떤가요? 최근 수년 동안의 부동산 투자 붐에 가려져서 일본에서 나타난 것과 같은 변화 상황이 부동산에 대한 인식이나 부동산 가격에 영향을 주고 있는 것 같진 않습니다. 도시화율은 이미 90%로 싱가포르, 홍콩에 이어 세계 3위 수준입니다. 제2차 베이비붐 세대의 내 집 마련 러시도 조만간 끝날 것입니다. 저출산, 고령화 또한 과거의 일본보다 훨씬 더 빠른 속도로 진행되고 있습니다. 당장 올해 또는 내년의 부동산시장을 전망하기는 어렵지만, 10~20년 후 노후 대비 관점에서 보면, 부동산에 편중된 자산구조는 노후 생활에 불안 요인으로 작용할 가능성이 매우 크다고 할 수 있습니다.

지난 30년 동안에 일본 가계 자산 중 부동산 비중이 절반 수준으로 줄어든 세 번째 원인은 부동산 투자 방식이 상당 부분 직접 투자에서 간접 투자로 바뀌었다는 것입니다. 세입자의 권리가 세지고 세법 등 관련 규정이 복잡해지면서 개인이 부동산 임대를 하기가 너무 힘들어졌기 때문입니다. 따라서 보통 사람들의 부동산 투자는 실물 투자보다는 리츠^{REITs, Real-Estate Investment Trusts}(부동산투자신탁), 부동산펀드와 같은 간접 투자 중심으로 바뀌었습니다. 리츠나 부동산펀드는 금융자산에 포함되죠. 미국이나 일본의 가계 자산 중 금융자산 비중이 높은 이유 중 하나가 바로 이것입니다.

땅에 묻어두는 게 최고일까?

지금까지 이야기한, 지난 30년 동안의 일본 부동산시장 변화 과정이 우리에게 시사하는 점은 무엇일까요? 올해 또는 내년의 부동산 가격을 전망하기는 어렵지만 노후 대비 자산관리 관점에서 다음 두 가지 점만은 생각해볼 필요가 있다는 것입니다. 첫째는 지금과 같이 국제화된 시대에는 땅도 얼마든지 수입해 올 수 있다는 점, 그리고 둘째는 노년에 대형·고층 아파트에 사는 게 문제는 없겠는가 하는 점입니다.

부동산과 관련해서 바꿔야 할 생각 두 가지 중 첫째는 땅에 관한 생각입니다. 우리나라는 땅이 좁은 나라입니다. 땅은 외국에서 수입해 올 수도 없으니, "다소 비싸게 사더라도 기다리고 있으면 언젠가는 올라. 땅에 묻어두는 게 최고야"라고 말하는 사람이 많습니다.

실제로 지금까지는 그랬습니다. 그런데 지금처럼 국제화된 시대에는 땅도 얼마든지 간접적으로 수입해 올 수 있는 것이라는 관점을 가져야 합니다. 이를 첫 번째로 경험한 나라가 영국입니다. 영국에서는 18세기 후반에 땅값이 계속 오르다가 어느 날 영국 정부가 밀 수입의 자유화, 즉 밀을 해외에서 절반 또는 3분의 1 값에 마음대로 수입해도 된다는 조치를 내리자 순식간에 급락했습니다. 밀을 싸게 사 온다는 것은 간접적으로 땅을 싸게 사 오는 효과가 있다는 인식이 퍼지면서 땅값이 떨어진 것입니다.

일본도 그런 경험을 했습니다. 앞의 〈그림 4-1〉을 다시 한 번 보시기 바랍니다. 1982년 100에서 시작해 1991년에 290까지 올랐는데, 문제는 그 이전입니다. 1970년대에 일본의 땅값이 무지막지하게 올랐습니다. 다나카 가쿠에이 총리(나중에 록히드마틴 게이트 때문에 자리에서 물러남)가 '일본 열도 개조론'이라는 것을 부르짖으면서 땅값을 엄청나게 올려놓았습니다. 이런 상황에서 1980년대 들어 버블 경기가 시작되면서 땅값에 불이 붙은 것입니다. 1991년 일본 땅값이 정점을 찍을 때 어느 정도였는지를 말해주는 예화가 있습니다.

일본 도쿄 중심가에 왕궁이 있는 구를 지요다구라고 합니다. 서울로 말하면 창경궁, 덕수궁, 경복궁이 있는 종로구에 해당합니다. 어느 날 일본 지인이 저한테 말하길, 이 지요다구 하나만 오늘 시세로 팔면 그 돈으로 캐나다 땅을 송두리째 살 수 있다는 겁니다. 아니, 세상에 땅값이 얼마나 비싸면 구 하나 팔아서 캐나다를 다 산다는 이야기가 나왔을까요?

그렇게 오르던 땅값이 2012년에는 102까지 내려갔습니다. 그 후 약간 반등했는데요, 엔저 호황에다가 외국 관광객이 많이 몰려왔기 때문입니다. 얼마 전에 전화를 해보니까, 지금 다시 조사해보면 아마 지수가 많이 하락해 있을 거라고 말하더군요. 요즘 일본에 관광객이 거의 안 갑니다. 땅은 수입도 못 해 오는데 왜 이렇게 하락할까요?

해외에서 쌀을 싸게 사 오면 김제평야, 평택평야의 땅값이 내려가는 효과가 있습니다. 해외에서 소고기를 싸게 사 오면 대관령 목장의 땅값이 하락합니다. 지금 인도, 중국, 베트남 같은 나라들이 땅을 싸게 줄 테니까 빨리 공장 옮겨오라고 우리나라

기업들을 유혹하고 있습니다. 예를 들어 기흥에 있는 삼성전자가 해외로 이전하지 말라는 법도 없습니다. 경쟁력 떨어지면 갑니다. 기업의 본질은 이윤 추구니까요. 지금 삼성전자의 베트남 공장에는 현지 직원이 2만 명 가까이 있다고 합니다. 베트남 삼성전자 고졸 여직원의 월급이 얼마일까요? 350달러입니다. 한국 삼성전자 고졸 여직원의 평균 월급은 얼마일까요? 3,700달러입니다. 10배가 넘습니다. 언제까지 버틸 수 있겠습니까?

저는 울산에 갈 때마다 현대자동차 직원들에게 말합니다. 너무 심하게 데모해서 현대자동차가 경쟁력이 떨어져 울산을 떠나버리면 당신들은 어떻게 될 것 같으냐고 말이죠. 첫째, 직장을 잃을 수 있습니다. 둘째, 울산에서 실제로 현대자동차, 현대중공업이 떠난다고 가정하면 울산의 땅값, 집값은 얼마나 내려가겠습니까?

따라서 어느 도시가 관민이 노력을 기울인 결과 기업과 사람이 모여들어 땅값이 오를 수 있을지는 모르지만, 우리나라가 땅이 좁은 나라니까 기다리면 오른다는 생각은 버려야 합니다. 지금과 같이 국제화된 시대에는 땅도 얼마든지 간접적으로 수입해 올 수 있으니까요.

대형·고층 아파트와
늘어가는 빈집

나이가 환갑쯤 되면 자녀들이 결혼해서 독립해 나가기 시작합니다. 독립한 자녀들이 다시 와서 같이 살 가능성은, 캥거루 빼고는, 거의 없다고 보면 됩니다. 몇 년 전에 서울시에서 65세 이상 된 부부들에게 물어본 적이 있습니다. "두 분 중 한 분이 돌아가시고 혼자 남으면 다시 자녀들하고 같이 살겠습니까?" 이 질문에 같이 살겠다는 대답은 20%밖에 되지 않았습니다. 50%는 '자녀들하고 멀지 않은 데서 혼자 살겠다', 30%는 '실버타운 같은 노인 전용 시설로 가겠다'라고 대답했습니다. 주목할 점은 자녀들이 같이 안 살아주는 게 아니고 본인들이 불편해서 혼자 살겠다는 대답이 80%였다는 것입니다.

자녀들 독립 후 주거 계획은?

자녀들하고 같이 살다가 독립해서 다 나가면 부부 둘만 남습니다. 그중에 한 사람이 아플 수도 있지요. 이 시기를 부부 간병기라고 합니다. 그러다가 한 사람이 떠나 혼자 남게 되고, 혼자 남은 배우자도 아프다가 떠납니다. 한 30년 사이에 그런 일이 생기는 것입니다. 그 과정, 과정별로 '나는 어디서 누구와 어떻게 살 것인가?'라는 문제를 잘 생각해봐야 합니다.

연세가 100세가 넘은 분들을 '백세인'이라고 합니다. 우리나라에 백세인은 몇 분이나 계실까요? 2018년 말 기준 주민등록상으로는 1만 8,500명인 것으로 나타났습니다. 그 백세인들은 어디 살고 계실까요? 옛날의 백세인들은 공기 좋고 경치 좋은 시골인 진안, 장수 같은 데 사셨습니다. 그러나 지금 백세인의 절반 정도는 요양병원에 계십니다. 본인은 안 갈 것 같겠지만, 그렇지 않습니다. 저 또한 이미 각오하고 미리미리 알아보고 있습니다.

식구가 줄면 당연히 집도 줄어들어야겠지요. 그런데 여성들의 생각은 좀 다른 것 같습니다. 오히려 딸이 시집갈 때쯤 되면 큰 집으로 이사 가려고 합니다. 사돈에게 폼도 나고 재테크도 된다는 이유에서 말이죠. 남 이야기 할 것 없이, 제 아내도 마찬가지였습니다. 딸이 시집가기 전에 아내가 큰 집으로 이사를 가자는 겁니다. 왜 큰 집이냐고 물어보니 그래야 아들네랑 딸네가 와서 자고 간다고 대답하더군요. 안 자고 갑니다. 다 알고 계시지 않습니까?

재테크 관점에서 봐도 지금까지는 희소가치 때문에 대형 아파트가 많이 올랐습니다. 그러나 요즘은 골칫거리 취급을 받고 있죠. 왜 그럴까요?

지금 우리나라 인구는 5,200만, 가구 수는 2,100만 정도입니다. 〈표 4-4〉에서 볼 수 있듯이, 그중 1인 가구와 2인 가구를 합친 비율이 1980년도만 해도 15%밖에 되지 않았습니다. 그때는 가족이 많았기 때문입니다. 이 비율이 2019년에는 58%로 늘었어요. 2045년이 되면 71%가 혼자 아니면 둘이 살 거라고 합니

표 4-4 … '1인 가구 + 2인 가구' 비율의 변화 추이

(단위: %)

한국			일본	
1980	2019	2045(예측)	2015	현재
15	58	71	63	?

자료: 한국 통계청, 일본 인구총조사

다. 일본은 이미 몇 년 전에 60%를 넘었지요. 우리나라도 일본도 대부분의 가구가 1인 아니면 2인인 시대가 오고 있는데, 아직도 서울에서는 재건축한다고 하면 "몇 평 늘어나죠?" 이것부터 물어봅니다. 조심해야 합니다.

노후에 대형·고층 아파트 문제는 없는가?

유난히 고층 아파트를 좋아하는 사람이 많은데, 노년에 고층 아파트에서 사는 문제도 잘 생각해봐야 합니다. 8년쯤 된 이야기입니다. 일본에서 난리가 난 적이 있습니다. 오하라 레이코라는 국민 탤런트가 사망했는데 사흘 만에 발견됐어요. 고독사였습니다. 일본이 발칵 뒤집혔지요. 어느 현의 뉴타운 단지 하나를 조사해봤더니 지난 3년 동안에 고독사한 사람이 25명이었습니다. 그 사람들이 사망 후 발견될 때까지 시간이 얼마나 걸렸는가를 조사해봤더니 평균 21.3일이었다고 합니다. 얼마나 큰 비극입니까. 아직 공식적으로 발표된 자료는 없지만 우리나라에서도 같은 조사를 해보면 비슷한 사례가 많을 것입니다.

왜 이런 일이 생길까요? 사람이 들락날락하는 데 살지 않기 때문입니다. 자녀들하고 같이 살지 않는 이상 이웃집만 한 복지

시설이 없습니다. 그런데 30층이나 40층에 혼자 또는 둘이 살고 있으면 누가 자주 찾아오겠습니까?

2019년의 일입니다. 일본의 지인 한 사람과 강남의 고층 아파트 앞을 지나가면서 그 아파트가 한국에서 최고로 비싼 아파트라고 알려준 적이 있습니다. 그랬더니 이분이 이렇게 말하는 것입니다. "십수 년이 지나면 한국도 지금의 일본 수준으로 초고령 사회가 될 텐데 그때 가면 저 아파트 가격은 어떻게 될까요?"

아파트의 슬럼화 문제도 생각해봐야 합니다. 최근에 '빅데이터를 통해서 본 일본 부동산시장의 전망'이란 자료를 읽은 일이 있습니다. 일본의 노후화된 아파트들이 재건축을 못 해서 슬럼화되어간다는 내용이 있더군요. 아파트를 '구분소유주택'이라고 부르는데, 일본에서는 구분소유주택을 재건축하려면 주민의 80%가 찬성해야 한다고 합니다(물론 우리나라에도 그런 규정이 있지요). 그런데 노인분들이 귀찮아합니다.

그뿐만이 아닙니다. 재건축에 성공하기 위해서는 두 가지 조건이 충족되어야 합니다. 첫째는 위치가 좋아야 합니다. 그리고 둘째는 저층이어야 합니다. 건축 업자 입장에서는 고층으로 만들면서 비용을 빼야 하니까요. 그러니 위치가 좋지 않거나 이미 고층인 아파트는 재건축이 어려워지는 거죠. 이 때문에 재건축을 못 하고 슬럼화되어간다는 것입니다. 그나마 재건축에 성공한 아파트가 있기는 합니다. 어떤 아파트일까요? 재건축에 성공한 아파트의 80%가 지진 나서 무너진 아파트라는 겁니다. 그렇다고 무작정 지진 나기를 기다릴 수도 없지 않습니까?

그런데 우리가 지금 일본의 아파트 슬럼화 문제를 걱정할 때가 아니라는 생각이 듭니다. 왜냐하면 아파트의 슬럼화가 문제라고는 하지만 일본은 전체 주택 수 중 6층 이상 아파트의 비율이 10% 정도에 지나지 않기 때문입니다. 우리나라는 어떻습니까? 전체 주택 수 중 아파트의 비율이 50%를 훨씬 넘었을 것으로 추정됩니다. 그것도 대부분 고층 아파트입니다. 현재 단독주택에 살고 있는 사람들 중에서도 많은 이들이 아파트로 들어가고 싶어 하기 때문에 이 비율은 앞으로 더 높아질 것으로 예상됩니다.

지방 도시를 지나면서 벌판에 고층 아파트가 서 있는 걸 보면 20~30년 뒤에 우리 손주들이 그 아파트들을 처리하는 문제로 얼마나 고생할까 걱정이 되기도 합니다. 이 때문에 요즘 일본에서는 나이가 들어서 부부만 남았거나 사별하고 혼자가 되면 시내에서 병원, 문화시설, 쇼핑시설 가까운 18~20평짜리 집에 사는 게 유행이라고 합니다. 왜 그럴까요? 그 이유를 한번 심각하게 생각해볼 필요가 있습니다.

늘어나는 빈집 어떻게 해야 할까?

2019년에 자료 수집차 일본 도쿄의 서점에 들렀다가 쇼킹한 제목의 책을 한 권 구입한 적이 있습니다. 『負(마이너스)동산 시대: 마이너스 가격이 되는 주택과 토지負動産時代: マイナス價格となる家と土地』라는 제목의 책입니다. 가격이 제로(0)가 될 수는 있겠지만 어떻게 마이너스가 된다는 걸까요? 주택이나 토지 소유주가 관리비·세금 등을 내지 않으려고 팔려고 내놨는데 팔리질 않아서, 오히려 우리 돈으로 500만 원 정도를 얹어서 내놓고 있다는 내용이었습니다. 일본의 《아사히신문》이 1년 동안 그런 사례들을 취재하여 연재한 내용을 엮어 출판한 책입니다. 책 내용 중 특히 눈에 띈 것은 가격을 산정할 수 없는 빈집이 계속 늘고 있다는 것이었습니다.

2018년 9월 말 현재 일본의 빈집은 846만 채로 전체 주택 수의 13.6%에 이릅니다. 빈집을 종류별로 보면 임대용 주택이 431만 채(50.9%), 매각용 주택이 30만 채(3.5%), 별장과 같은 2차적 주택이 38만 채(4.5%), 임대용도 매각용도 아닌 방치된 기타 주택이 347만 채(41.1%)입니다. 이 중에서 가장 문제가 되는 건 방치된 빈집입니다. 물론 임대가 안 되고 팔리지도 않아 비어 있는 임대용 빈집이나 매각용 빈집도 문제지만, 이런 주택들은 소유주가

나름대로 유지·관리할 가능성이 큽니다. 그러나 그 외 빈집은 제대로 관리되지 않고 방치되기 때문에 언젠가 범죄나 화재 발생 등과 같이 주거 환경에 악영향을 미치는 '문제적 빈집'으로 바뀔 위험성이 큽니다. 그런 빈집이 347만 채나 된다는 것입니다. 그런데도 주택 공급은 계속 늘고 있습니다. 일본 노무라종합연구소는 2033년이 되면 일본의 주택 3채 중 1채가 빈집이 되는 주택 과잉 사회가 될 거라는 예측 자료를 내놓기도 했습니다.

보통 빈집이라고 하면 농촌 지역이나 지방 도시의 인구가 줄면서 생기는 것으로 생각하기 쉬운데 그렇지 않습니다. 일본의 수도권에도 빈집이 늘고 있습니다. 예를 들어 도쿄에서 30km 떨어진 다마 신도시는 1970~1980년대에 신도시 붐을 일으켰던 위성도시입니다. 도쿄로의 접근성과 도로, 학교, 공원 등의 기반시설이 완비된 점을 장점으로 내세워 홍보한 데다가 저금리와 주택경기 부양책에 힘입어 인기리에 분양됐습니다. 그런데 40년이 지난 지금은 이 도시가 노인들만 남아 있거나 한 집 건너 비어 있는 빈집타운이 되어 있습니다.

앞서 잠깐 언급했듯이, 심각한 것은 단독주택보다도 재건축을 하지 못한 채 슬럼화되어가는 노후화된 아파트 단지의 문제입니다. 일본에서는 아파트를 재건축하려면 주민의 80%, 완전 철거를 하려면 100%의 동의를 얻어야 하는데 그만큼의 동의를 얻는 것이 불가능에 가깝기 때문입니다. 재건축의 경제성, 소유주의 고령화, 상속된 아파트일 경우 상속자들 간 합의가 어렵다는 점 등의 문제도 있습니다. 재건축을 못 한 아파트들은 슬럼화되고 빈집 예비군이 될 수밖에 없습니다. 이들 노후화된 아파트는 그 자체의 문제만으로 끝나는 것이 아닙니다. 주위의 지가에도 영향을 미칩니다. 한 조사 자료에 따르면, 어느 지역에서 건축된 지 20~25년 정도 지난 아파트가 1% 증가하면 그 지역의 지가를 4% 정도 하락시키는 것으로 나타났습니다.

인구 감소, 인구 고령화 등으로 이렇게 빈집이 늘어나고 있는데도 구미 선진국에서와 같은 기존 주택의 공동화 방지 대책은 없이 매년 90만 채 이상의 주택이 신축되고 있습니다. 이른바 신축 편중 정책입니다. 주택 건설업자는 속성상 핑계만 있으면 신규 주택을 지으려 하고 주택 구입자 또한 (인식이 많이 바뀌었다고는 하지만) 아직도 주택은 자산이라는 생각으로 내 집 마련에 애착을 갖고 있기 때문입니다.

그렇다면 우리나라의 빈집 문제는 현재 어떤 상황일까요? 걱정이 되어 인터넷 검색을 해보고 깜짝 놀랐습니다. 통계청 자료에 따르면, 2010년에 79만 채였던 빈집 수가 2019년 기준 통계에서는 151만 7,000채로 늘어난 것입니다. 전체 주택의 9.9% 정도이니 10채 중 1채가 빈집이라고 볼 수 있습니다. 이는 빈집 문제가 남의 이야기가 아니라는 뜻입니다. 빠른 속도로 일본의 뒤를 따라가고 있습니다.

빈집 문제가 농촌 지역이나 지방 도시만의 문제가 아니라는 점 또한 일본과 비슷합니다. 서울의 9만 3,000채, 경기 27만 9,000채, 부산 9만 5,000채, 인천 5만 8,000채라는 빈집 수가 이런 사실을 뒷받침해줍니다. 지방자치단체들이 빈집 처리 대책으로 골머리를 앓고 있다는 내용의 기사도 줄을 잇고 있습니다.

일본에 비해 더 심각한 건 노후화된 아파트 단지의 문제입니다. 10~20년 후 일본처럼 재건축을 못 한 채로 슬럼화되고 빈집화되어간다면 이 아파트 단지들은 어떻게 될까요? 대책 없이 미래 세대에게 떠맡긴다면 가장 큰 피해를 입는 것은 우리 아이들과 손주들이 될 수밖에 없습니다. 늦기 전에 현명한 대책을 강구해야만 합니다.

부동산 불패 신화에서
벗어나자

〈표 4-5〉에서 볼 수 있는 것처럼 1996년에서 2019년 사이에 우리나라의 전체 가구 수는 921만 가구가 늘었는데, 주택은 1,174만 호를 지었습니다. 전국적으로 보면 공급 과잉입니다. 반면, 서울의 가구 수는 217만 가구가 늘었는데 주택은 120만 호밖에 안 늘었습니다.

　지난 몇 년간 서울 아파트 가격이 급등한 요인 중 하나가 여기에 있다고 봐야 할 것입니다. 그렇다면 서울의 가구 수는 왜 이렇게 늘어났을까요?

표 4-5 ··· 주택 수와 가구 수 변화 추이

(단위: 만 호, 가구, %, %p)

구분	전체			수도권			서울		
	주택 수	가구 수	보급률	주택 수	가구 수	보급률	주택 수	가구 수	보급률
1995	957	1,113	84	503	386	76	254	173	68
2019	2,131	2,034	105	984	993	99	374	390	96
증감	+1,174	+921	+21	+481	+607	+23	+120	+217	+28

자료: 통계청

첫째는 1인 가구의 증가입니다. 이 점은 앞에서 자세히 살펴 봤으니 설명은 생략하겠습니다. 둘째는 고령화 시대가 되면 고령 세대가 교외로 나가 넓은 데에서 유유자적하며 살 것으로 생각했는데 그렇지 않았다는 것입니다. 일본 도쿄의 노인들도, 서울의 노인들도 모두 역세권의 조그마한 집에서 살고 싶어 합니다. 고령화 시대가 되면 오히려 교외의 시대에서 도심의 시대로 바뀐다는 거죠. 셋째는 일자리가 서울 수도권에 몰려 있다는 점입니다. 여기에, 지방의 집값은 안 오르고 서울만 오르다 보니 서울에 똘똘한 한 채를 사두고 지방에서 세를 사는 사람이 늘고 있는 것도 서울의 가구 수를 늘리는 요인으로 작용하고 있지요.

그런데 여기에서 주택에 대한 장기 수요 전망을 한번 생각해 볼 필요가 있습니다. 집을 사는 건 주로 젊은 세대입니다. 미래에셋투자와연금센터에서 통계청 자료를 이용하여 예측해본 바에 따르면, 지난 20년(2000~2020) 동안 20~30대는 100만 가구가 줄었고 앞으로 20년(2020~2040) 동안에도 130만 가구가 또 줄어들 것으로 예상됩니다(표 4-6).

표 4-6 ··· 가구 수 증감 추이

(단위: 가구)

구분		2000~2020	2020~2040
총 가구 수 증감		+570만 (40% 증가)	+210만 (10% 증가)
연령대별 가구 수 증감	20~30대	-100만	-130만
	40~50대	+260만	-190만
	60대 이상	+400만	+530만
70대 이상 가구 비중		7% → 15%(2020년)	15% → 34%(2040년)
가구원 수별 가구 수 증감	1~2인	+680만	+380만
	3인 이상	-110만	-170만
1~2인 가구 비중		34% → 58% (+24%p)	58% → 70% (+12%p)

자료: 통계청 데이터를 바탕으로 미래에셋투자와연금센터 예측

집을 늘려서 이사하는 세대는 주로 자녀가 있는 40~50대입니다. 그런데 이 40~50대가 지난 20년 동안에는 260만 가구가 늘었는데 앞으로 20년 동안에는 오히려 190만 가구가 줄어들 것으로 예상됩니다. 그럼 어떤 가구가 늘어날까요? 60대 이상 가구만 지난 20년 동안에 400만 가구가 늘었고, 앞으로 20년 동안에도 530만 가구가 또 늘어날 것으로 예상됩니다. 그런데 노인 세

대는 이미 집이 있거나, 집이 없더라도 살 능력이 없는 분들이 대부분입니다. 그렇다면 누가 집을 사겠습니까?

가구원 수 또한 급속하게 줄어들고 있어요. 1~2인 가구는 지난 20년 동안 680만 가구 늘었고 앞으로 20년 동안에도 380만 가구가 또 늘어날 것으로 예상됩니다. 반면 3인 이상 가구는 지난 20년 동안에 110만 가구가 줄었고 앞으로 20년 동안에도 170만 가구가 또 줄어든다는 것입니다. 가구 수와 가구원 수의 이러한 변화가 앞으로 10~20년 후 우리나라 주택 가격에 어떤 영향을 줄까요? 노후 대비 자산관리 관점에서 잘 생각해볼 필요가 있습니다.

주택 가격 하락 시 하우스푸어가 되진 않을까?

무리하게 돈을 빌려 주택을 구입했는데 노후에 주택 가격 하락 현상이 나타나 하우스푸어가 될 염려는 없을지에 대해서도 냉정하게 생각해볼 필요가 있습니다. '영끌(영혼까지 끌어모음)'이라는 말이 나올 정도로 과다한 부채를 안고 주택을 구입한 사례가 많은 것으로 알려져 있기 때문입니다.

〈그림 4-2〉는 일본 가계의 부채/저축 평균 비율을 연령대

별로 나타낸 그래프입니다. 비율이 가장 높은 시기는 20~30대로 179%입니다. 일본인들은 대부분 30년 만기 장기론을 받아 주택을 구입하기 때문에 구입 직후인 20~30대는 빚밖에 없습니다. 그러나 현역 시절에 이 빚을 계속 갚아나가서 퇴직 무렵인 60대 전후에는 5%밖에 남지 않습니다. 빚이 거의 없다는 뜻입니다. 따라서 하우스푸어가 될 염려도 거의 없다고 볼 수 있습니다.

앞서 소개했던, 도쿄 근교의 28평짜리 아파트에 살고 있는 제 친구의 사례가 그렇습니다. 그 친구는 이 아파트를 1984년에 우리 돈으로 1억 2,000만 원에 구입했습니다. 이것이 1991년 피크 때 3억 6,000만 원까지 올랐다가 현재는 3,000~4,000만 원 정도의 시세로 하락한 상태입니다. 하지만 그 친구는 별로 걱정하

그림 4-2 ··· 일본 가구의 연령대별 부채/저축 비율

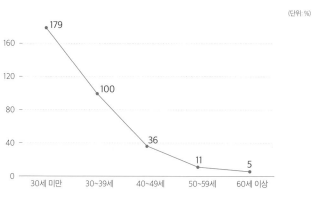

(단위: %)

자료: 일본 가계조사연보(2017)

지 않습니다. 자녀들도 모두 집을 갖고 있기 때문에 자기는 그 집에서 살다가 세상을 떠나면 된다는 생각이거든요.

우리나라는 어떨까요? 〈그림 4-3〉에서 볼 수 있듯이, 부채 비율이 가장 높은 시기는 30대로 131%입니다. 문제는 퇴직할 무렵이 되어도 빚이 그다지 줄지 않는다는 것입니다. 60대가 되어도 83%가 그냥 남아 있습니다. 평수를 늘려가면서 그때마다 단기 은행융자를 받기 때문일 텐데요. 만약 10~20년 후 노년기에 일본이 경험한 것과 같은 주택 가격 하락 현상이 나타난다면 하우스푸어가 속출할지도 모릅니다.

그렇다고 여기에서 단정적으로 집을 사거나 팔라는 말을 하려는 건 아닙니다. 단기적으로는 넘쳐나는 돈, 그리고 1%대의

그림 4-3 ··· 한국 가구의 연령대별 부채/저축 비율

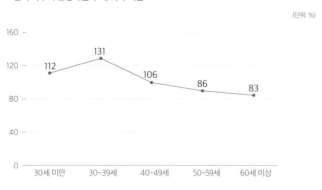

(단위: %)

자료: 한국 가계금융복지조사(2017)

오십부터는 노후 걱정 없이 살아야 한다

초저금리가 주택 가격에 어떤 영향을 줄지를 예측하기가 쉽지 않기 때문입니다.

강남 어느 재건축 아파트 단지의 경로당에 가서 강의를 한 적이 있습니다. 강의가 끝나니까 한 분이 이런 말을 하는 것입니다. 자기가 45평짜리 아파트를 갖고 있었는데 가격이 급등하니까 피크라는 생각이 들어 20여억 원에 팔았는데, 팔고 나서 10억 원이나 더 올라 너무나 억울하다는 것입니다. 지금이라도 되사야 하는지, 어떻게 해야 하는지를 물어보는 것입니다. 이런 질문에 어떻게 섣불리 대답할 수 있겠습니까? 본인의 판단대로 하되 다음과 같은 투자의 원칙만은 지키라는 말밖에 할 수가 없었습니다.

그 투자의 원칙이란 이런 겁니다. 투자에는 리스크가 따르기 때문에 재산이 한곳에 집중되어 있으면 안 됩니다. 갖고 있는 재산이 100% 부동산에 편중되어 있다면 그 부동산이 오를 때 오를 망정 우선 10%, 20%라도 금융자산을 가져야 합니다. 그리고 나이가 들어가면서 금융자산의 비중을 높여가야 합니다. 그렇게 해서 환갑 때쯤 되면, 선진국 수준은 아니더라도, 부동산과 금융자산이 반반 정도는 되어야 합니다. 이제 주택은 재테크의 수단이 아니고 주거의 수단이라는 점 또한 명심할 필요가 있습니다.

부동산 간접 투자상품, 리츠

선진국에서는 부동산 직접 투자보다는 간접 투자를 많이 하기 때문에 부동산자산 비중보다 금융자산의 비중이 높게 나타납니다. 보통 '리츠REITs'라고 하는데, 최근 우리나라 신문에서도 자주 보일 정도로 부동산과 증권시장에서 차지하는 비중이 높아지고 있습니다.

1960년 미국에서 처음 도입된 이후로 리츠 상품은 꾸준히 성장했습니다. 미국 리츠 상품의 시가총액은 2020년 말 기준 약 1.2조 달러로, 1971년의 15억 달러에서 30년간 약 836배가 넘는 엄청난 성장세를 보여주었습니다. 2019년 말 기준 전 세계 리츠 시장에서 미국 리츠가 64%를 차지하고, 그 뒤로 일본이 8%, 호주가 5%를 차지합니다. 리츠가 미국에서 처음 만들어졌고, 자본 시장의 규모가 큰 데다 가장 발달해 있어 전 세계 리츠시장에서 큰 비중을 차지하게 된 것입니다.

리츠의 장점은 크게 세 가지로 나눠집니다.

첫째, 안정적인 투자 수단을 제공한다는 점입니다. 리츠는 보유 자산의 정보 공개를 의무화하는 등 법적·제도적으로 안정적인 투자 수단을 제공하기 위해 엄격한 규제가 적용되고 있습니다. 이 외에도, 리츠는 상장회사보다 높은 배당의무를 지고 있기 때문에 자금 사용에 대한 규제를 엄격하게 적용받습니다. 배당 가능 이익의 상당 부분을 의무적으로 배당해야 하기 때문에 배당금이 높은 편이고, 안정적이며 예측하기 쉽습니다.

둘째, 수익률입니다. 안정적인 배당과 보유 부동산의 평가차익 등이 리츠 상품의 가격에 영향을 줍니다. 미국의 사례를 보면, 과거 25년 동안 미국 리츠 상품의 수익률이 S&P500 지수 수익률을 웃돈 적이 열다섯 번이나 있을 정도로 좋다는 통계자료도 있습니다. 그만큼 안정적이면서 수익률도 상당히 높은 상품이라는 것을 알 수 있습니다. 국내에서도 배당 수익률이 연간 4~8%에 달하는 리츠들이 주목받고 있습니다. 국내 리츠에 배분하여 투자하는 펀드는 2020년 10월 설정 이후 2021년 7월 11일 기준 14%가 넘는 수익률을 기록하기도 했죠.

셋째, 성장성입니다. 국내에서는 부동산펀드와 리츠가 그 경제적 실질이 거의 유사한데도 서로 다른 법에 따라 규제를 받아왔습니다. 그래서 리츠가 부동산펀드보다 3년 빠른 2001년에 도입됐음에도 성장이 느린 편이었습니다. 2021년 8월 9일 기준 코스피KOSPI(한국거래소시장) 전체 시가총액 대비 리츠의 비중은 0.22% 정도에 불과합니다. 그러나 2019년부터 국내에서도 세법개정, 과세특례 연장, 리츠 장기(3년) 보유자에 대한 우대 세율 적용 등으로 리츠시장이 성장할 수 있는 발판이 어느 정도 마련됐고, 향후에도 국내 리츠시장은 더 성장하며 대중화될 것으로 전망됩니다.

전미리츠협회^{NAREIT}에 따르면, 미국 리츠는 현재 13개의 섹터로 구분되어 있으며 일반적인 상가나 주택 외에도 데이터센터, 물류창고, 의료시설, 호텔·리조트, 인프라, 각종 상업시설 및 특수시설 등 다양한 부동산자산에 투자하고 있습니다. 특히 효율적인 운영과 낮은 공실률이 유지된다는 전제하에 경기 변동의 영향을 덜 받으면서 꾸준히 배당금을 수취할 수 있다는 점이 주목받고 있어, 채권형 펀드나 배당주의 효과적인 대안으로 부상하고 있습니다. 국내 리츠는 아직 투자 대상이 다양하지 않지만, 대상이 확대될 경우 미국처럼 더 많은 리츠 상품이 등장하여 '중리스크-중수익'으로 대표되는 리츠의 성격을 잘 살린 매력적인 투자 대안을 제시해줄 수 있을 것으로 생각합니다.

물론 주의할 점도 있습니다. 리츠는 크게 두 가지에 영향을 받습니다. 금리와 공실률입니다. 금리가 급격하게 인상될 경우 부동산 투자 자산을 조달하는 비용이 높아져 수익성이 악화될 수 있습니다. 상업용 부동산을 구입하는 데에는 수백억 원부터 조 단위의 엄청난 자금이 들어가기에 은행 등의 금융기관에서 자금을 차입해 오는 것이 필수적인데, 금리가 인상되면 이자비용 등의 조달비용이 오르기 때문입니다. 그리고 보유한 부동산의 공실률이 증가하면 임대료를 받기가 쉽지 않아 리츠의 수익성이 악화됩니다. 리츠 부동산자산의 입지·용도·시설 등이 만족스럽지 않다고 판단될 경우 다른 리츠로 교체하거나, 리스크 분산을 위해 리츠에 투자하는 펀드에 투자하는 것도 리스크를 관리하는 좋은 방법이 될 수 있습니다.

미국·일본 등의 선진국 사례에서 볼 때, 부동산 투자는 직접 투자보다는 간접 투자의 비중이 높아질 가능성이 큽니다. 따라서 해외 사례와 트렌드를 참고하여 국내 리츠 상품에 관심을 가지는 것도 노후 대비 자산 형성을 위한 투자에 도움이 될 것으로 생각합니다.

저금리 시대의
금융자산 운용

저축의 시대에서
자산 형성의 시대로

앞에서 가계 자산 중 금융자산 비중을 늘리라고 했는데, 어떤 상품으로 늘려야 할까요? 금융상품에는 현금, 예금, 주식, 채권, 펀드, 보험, 연금 등 수많은 종류의 상품이 있습니다. 금리가 10%대일 때는 망설일 것이 없습니다. 예금하면 끝납니다. 지나고 보니까 은행이 책임져주면서 금리를 10% 넘게 줄 때가 얼마나 좋았습니까. 지금은 1%가 될까 말까 하죠.

저축 vs. 투자

금융자산 비중을 늘리고자 할 때 가장 먼저 알아야 할 것은 무엇일까요? 수많은 금융상품은 저축상품과 투자상품으로 나뉘는데, 이 저축과 투자의 의미를 이해해야 합니다.

미국에서는 중학교만 제대로 졸업해도 저축과 투자가 어떻게 다른지 잘 압니다. 학교에서 다 배우니까요. 그러나 우리는 학교에서 이런 걸 거의 배우지 않기 때문에 대학을 졸업해도 '저축해서 돈 모으자', '투자해서 돈 모으자'라는 식으로 뜻이 거의 비슷하다고 생각하는 사람이 많습니다. 그렇지 않습니다. 오히려 상반된 개념입니다. 지금부터 얘기하는 것은 미국의 중학교 교과서에 나오는 내용입니다.

저축은 아껴서 모은다는 뜻입니다. 은행에 예금하는 것, 지급액이 확정된 보험에 드는 것, 지급액이 확정된 연금에 드는 것 등을 저축이라고 하고 그런 상품을 저축상품이라고 합니다. 저축상품을 사면 불어나는 속도는 느리지만 원금이 깨질 염려는 없습니다. 왜 그럴까요? 금융회사가 운용의 결과를 책임져주기 때문입니다. 그러니 금융회사에 갖다 맡겼을 때 '예금처럼 책임져주는 상품은 저축상품', '책임 안 져주는 상품은 투자상품' 이렇게라도 외워야 합니다.

그러면 어떤 돈으로 저축을 해야 할까요? 원금이 깨져서는 절대 안 되는 돈, 단기간 내에 써야 하는 돈은 눈 딱 감고 예금 아니면 예금과 비슷한 상품에 넣어야 합니다.

예를 들어 6개월 후에 딸 시집보내려고 혼수 자금 5,000만 원을 마련했습니다. 그런데 어떤 사람이 와서 혼삿날이 6개월이나 남았으니 그사이에 주식에 투자하여 돈을 좀 불려서 시집보내면 어떻겠느냐고 권유합니다. 권유를 받아들여야 할까요? 안 됩니다. 그 말 듣고 리스크가 큰 투자상품에 넣었다가 뜻대로 안 되면 딸 시집 못 보냅니다. 좀 아깝더라도 예금에 넣어야 합니다.

그러면 투자의 뜻은 뭘까요? 가능성을 믿고 자금을 투하한다는 뜻입니다. 주식, 채권, 선물, 옵션, 펀드가 투자상품이고 보험 중에서는 변액보험, 연금 중에서는 변액연금 등이 있습니다. 잘하면 돈을 벌지만 잘못하면 원금도 까먹을 수 있는 리스크가 따르는 상품, 이것이 투자상품입니다.

그런데 이 책의 독자 중 변액보험, 변액연금 든 분들 많이 계실 겁니다. 더 큰 문제는 그런 상품에 가입했는지 안 했는지 모르는 분이 더 많다는 겁니다. 멀리서 찾을 필요 없이 제 아내가 그랬으니까요. 몇 년 전에 제 아내가 무슨 보험을 들었다고 와서 자랑을 하길래 꼬치꼬치 물어봤더니 변액보험을 든 거였습니다. 변액보험 또는 변액연금은 이름은 보험, 연금이지만 막상

열어보면 펀드 투자를 하는 상품입니다. 잘못하면 원금 손실을 볼 수도 있습니다. 따라서 변액보험, 변액연금에 가입할 때는 펀드를 운용하는 회사가 실력 있는 곳인지 꼭 확인해야 합니다. 저도 아내에게 운용회사가 어디인지 알고 있느냐고 물었더니 모른다는 대답이었습니다. 그러면 거래하는 금융회사의 담당자에게 물어보라고 했습니다. 아내가 전화를 해보더니 그 담당자도 모른다면서 본사에 물어봐서 알려주겠다고 하더라는 것입니다. 이렇게 아주 기본적인 사항도 모르면서 투자를 하는 것, 이런 것이 문제입니다.

그러면 투자는 어떤 돈으로 해야 할까요? 단기간 내에 쓸 돈은 따로 마련되어 있어야 합니다. 단기간에 쓸 돈이 따로 마련되어 있지 않은 사람이라면, 투자에 신경 쓰기보다 일을 해서 근로소득을 올릴 궁리를 해야 합니다. 투자는 시장에 장기간 묻어둘 각오가 되어 있고, 비상사태가 오더라도 놀라지 않고 참고 기다리겠다는 각오가 되어 있는 돈으로 해야 합니다. 그런데 이게 말처럼 쉽지 않습니다. 이렇게 골치 아픈 걸 왜 해야 할까요? 금리가 10%대면 이런 고민을 할 필요 없이 예금만 해도 자산을 늘려갈 수 있습니다. 그런데 지금은 금리가 1% 겨우 넘는 수준입니다. 따라서 리스크가 따르더라도 고수익을 기대할 수 있는 투자상품을 활용하지 않고서는 자산을 형성하기가 어렵습니다.

오십부터는 노후 걱정 없이 살아야 한다

투자에는 리스크가 따른다

투자에는 리스크가 따릅니다. 그런데 다들 투자에 관한 공부라고 하면 무엇부터 떠올리나요? 주가 예측, 부동산 예측 등 예측에 관한 공부라고 생각합니다. 물론 노력은 해야 하지만, 보통 사람이 단기 예측은 불가능하다고 생각하는 게 좋습니다.

"30년 넘게 펀드매니저로 일해왔지만, 올해 증시 전망에 대한 질문을 받으면 솔직히 난감하다. 모르기 때문이다."

이름만 대면 알 만한 자산운용사 사장님한테 이런 말을 들은 적이 있습니다. 그런 프로 중의 프로도 모르겠다는데, 보통 사람은 어떨까요? 예측을 해서 어쩌다 한두 번 맞힐 수 있을지 모르지만, 계속해서 맞힌다는 것은 불가능하다고 봐야 합니다.

그러면 공부를 하라는데 무슨 공부를 해야 할까요? 우선 리스크에 대한 바른 이해가 필요합니다. 왜냐하면 우리나라에서 'risk'를 '위험'이라고 번역하고 있기 때문입니다. 언론까지도 그렇게 하고 있습니다. 큰 문제라고 생각합니다.

십수 년 전까지만 해도 우리나라 어머니들이 세계에서 가장 용감한(?) 분들이 아니었나 생각됩니다. 그때는 이분들이 이렇게 무모해서 어쩌나 겁이 날 정도였습니다. 그런데 지난 십몇 년 사이에 주식 사서 깨 먹고, 펀드 사서 깨 먹고, 아들은 취직했다가 실직하고, 딸은 시집갔는데 고약한 사위 만나고…, 이런 일들을 겪으면서 우리나라 어머니들 눈에는 위험밖에 안 보이는 상황이 됐습니다. 입에 위험이란 말을 달고 사는 것 같습니다.

"위험한 남자 만나지 마라." 이건 딸한테 하는 이야기입니다. "위험한 회사 들어가지 마라." 공무원 되라고 난리입니다. "위험한 상품 사지 마라." 지금 우리나라 어머니들이 자기도 모르는 사이에 자녀들을 너무 바보, 겁쟁이로 만들고 있습니다. 보통 큰 문제가 아니라고 생각합니다.

저는 리스크를 위험이라고 번역하면 안 된다고 봅니다. 그냥 리스크라고 번역합니다. 왜냐고요? 중학교 때 배우지 않았습니까. 위험의 정확한 영어는 'danger'입니다. 홍수 나서 죽을 위험, 폭탄 터져서 죽을 위험 등등 말이죠. 그러면 리스크의 정확한 번역은 뭘까요? 불확실성입니다. 잘될 수도 있고 잘못될 수도 있는 것, 이게 리스크입니다.

얼마 전까지만 해도 속된 말로 '안전빵'이란 게 있었습니다. 은행에 예금만 해도 책임져주면서 금리를 10% 넘게 줬습니다. 몇 가지 직업만 선택하면 평생이 보장됐습니다. 하지만 지금은 결혼을 할 때도, 직업을 선택할 때도, 자산을 운용할 때도 불확실성, 즉 리스크를 받아들이지^{risk-taking} 않고는 풍요로운 인생을 살 수가 없는 시대입니다.

공무원이 안전하다고 흔히들 생각하는데 과연 앞으로도 그럴까요? 해외 사례를 보면 그렇지도 않습니다. 국민이 화가 나면 행정개혁에 대한 요구가 거세게 나타납니다. 그러면 민간 기업에서 독하게 구조조정을 하던 인물을 행정개혁 위원장으로 부릅니다. 그리고 과감하게 공무원 수를 줄입니다.

학교 선생님은 안전할까요? 학생들이 없는데 어떻게 선생님을 할 수 있겠습니까? 이제 안전한 직업은 없다고 생각하는 게 좋습니다. 모든 면에서 불확실합니다. 그런데 놀라운 사실은, 리스크라는 단어의 라틴어 어원이 '용기를 갖고 도전하다'라는 것입니다. 지금 이 시점에서 시급한 것은 우리도, 우리의 자녀들도 용기를 갖고 리스크에 도전하되 관리할 수 있는 지혜를 배우는 것입니다. 그래야 우리에게 희망이 있습니다.

지금까지 리스크에 대해서 길게 설명한 이유는, 인생살이가 다 그렇듯이, 금융자산을 운용하는 것 또한 리스크가 따르는 투자상품을 활용하지 않고서는 고수익을 낼 수 없는 시대가 됐다는 이야기를 하고 싶어서였습니다. 저축의 시대는 가고, 리스크가 따르는 투자상품을 활용하여 자산을 형성해야 하는 시대가 됐기 때문입니다.

투자에 따르는 리스크를
관리하는 방법

그렇다면 투자에 따르는 리스크는 어떻게 관리해야 할까요? 주식 투자를 예로 들어, 제가 명문 자산운용사의 펀드매니저와 대담했던 내용부터 소개하겠습니다.

Q. 귀사는 주식형 펀드에 편입하는 종목을 어떤 기준으로 선정합니까?

저희는 5년 이내에 2배 이상 오를 수 있을 만큼 저평가되어 있다고 판단되는 종목을 고릅니다. 또한 시장에 투자하지 않고 기업에 직접 투자합니다. 따라서 저희는 마켓 타이밍을

오십부터는 노후 걱정 없이 살아야 한다

고려하지 않습니다. 우선 저희가 알 수 있는 기업의 주식만을 대상으로 합니다. 기업을 열심히 방문해서 그 기업의 가치에 비해 주가가 저평가되어 있다고 생각되는 주식을 사놓고 제값을 받을 때까지 기다린다는 생각으로 투자합니다.

우선 투자 대상 후보에 오른 기업을 여러 차례 방문하여 경영진과 면담을 반복하고 그 기업이 속해 있는 산업을 냉정하게 분석합니다. 그런 다음 향후 5년간의 수익 전망을 분석합니다. 이 전망을 토대로 적정 주가를 계산한 후 5년 이내에 2배 이상 오를 수 있다는 판단이 서면 투자를 결정합니다.

투자 대상 종목을 고를 때 종합주가지수의 종목별 비중이나 산업별 비중은 고려하지 않습니다. 많은 운용회사가 주가지수와 비교해가면서 운용하지만 저희는 저평가된 정도를 기준으로 운용하기 때문에 저희가 구성한 포트폴리오는 주식시장의 지수와 다르게 나타날 때가 많습니다. 철저하게 종목 중심으로 운용한다는 뜻입니다.

Q. 그렇다면 투자한 종목은 언제 파십니까?

첫 번째, 주가가 저희가 생각한 적정 수준에 이르렀다고 생각했을 때 팝니다. 다시 말해, 주가가 5년 이내에 2배 수준까지 올랐을 때입니다. 산 지 몇 개월 만에 그 수준에 이르면 그때 팔고, 1년 후에 그 수준이 되면 1년 후에 팝니다. 장기 투자라고 하여 무작정 들고 있는 것이 아닙니다.

두 번째는 투자한 기업의 내용(저희는 이것을 '펀더멘털'이라고 합니다)이 애초의 저희 예상과 달리 나쁜 방향으로 가고 있다고 판단될 때 팝니다. 이때는 주가가 투자할 때의 수준보다 크게 하락했더라도 미련 없이 팔아버립니다. 더 큰 손실을 줄이기 위해서입니다.

이런 방침으로 운용하기 때문에 다른 운용회사들의 매매회전율이 연간 300~400%(3~4회 매매)인 데 비해 저희 펀드의 회전율은 50% 이하입니다. 그만큼 자주 매매를 하지 않는다는 뜻입니다.

이상은 제가 예전에 한 방송 프로그램의 펀드 평가위원을 하면서 해외 명문 자산운용사의 펀드매니저와 주고받은 내용을 정리한 것입니다. 이 회사는 운용 철학을 일관성 있게 지켜왔고, 종목 중심의 장기 투자자가 성공할 수 있다는 것을(어떤 측면에서는 그 방법만이 성공할 수 있다는 것을) 실제 운용으로 보여주고 있습니다.

이 회사뿐만 아니라 세계적으로 성공한 자산운용사들은 대부분 장기·분산 투자를 운용 철학으로 하고 있습니다. 주식 투자

에 성공하기 위해서는 '시장 전체의 리스크'와 '개별 종목 고유의
리스크'를 관리해야 한다고 생각하기 때문입니다.

시장 리스크는 장기 투자로 관리한다

시장 전체의 리스크란, 예를 들어 주식시장 전체가 하락하는 리
스크를 말합니다. 회사가 경영을 잘하여 호조를 보이는데도 주
가가 오르기는커녕 계속 하락하는 경우가 있습니다. 이는 우리
경제 전체가 불경기가 되거나 돌발적인 정치 사태 등을 당하여
시장 전체의 주가가 하락하는 경우입니다. 또한 9·11 사태 등의
해외 요인 때문에 국내 주식시장 전체가 하락하는 경우도 있습
니다. 이것이 시장 전체의 리스크입니다.

시장 전체의 리스크는 어떻게 방어할 수 있을까요? 단기로
투자할 경우에는 방어할 수 없습니다. 증권사의 조사 자료나 언
론에서는 다음 주 또는 다음 달의 시황 전망만 잘하면 시장 리스
크를 방어할 수 있을 것처럼 말하지만, 실제로는 불가능합니다.
미국의 워런 버핏이나 피터 린치 같은 전설적인 펀드매니저들
도 몇 개월 앞의 주가는 예측할 수 없다고 말합니다. 2020년 봄
코로나 사태 발생 직후 주가 급락 현상이 올 것을 예측할 수 있

었겠습니까? 또 그런 급락 사태가 얼마나 지속될지 알 수 있었겠습니까? 그런 예측은 불가능하다고 해야 합니다. 따라서 그 시기가 지나갈 때까지 기다리는 수밖에 없습니다. 그래서 장기 투자를 해야 한다는 것입니다. 갖고 있는 주식이 우량 주식이라면 그 시기가 지나 제값을 받을 수 있을 때까지 참고 기다리는 것이 투자라는 얘기입니다. 앞에 소개했던 자산운용사가 종목 선정 기준을 '5년 이내에 주가가 2배 이상 오를 수 있다고 판단되는 종목'으로 하고 있는 것도 바로 이런 이유 때문입니다.

그러나 우리나라에서 장기 투자를 해야 성공한다고 생각하는 투자자는 그리 많지 않습니다. 타이밍에 맞게 샀다가 떨어지기 직전에 재빨리 팔고 나와야 한다고들 생각하죠. 즉, 단타 매매를 해야 성공한다고 생각하는 투자자가 대부분입니다.

장기 투자를 오해하는 사람도 많습니다. 얼마 전 한 강의에서 '투자는 장기로 해야 한다'라는 내용을 강조했더니 한 분이 질문을 했습니다. "저는 ×× 종목을 몇 년 동안 계속 보유하고 있는데 전혀 오르지 않습니다. 언제까지 장기 투자를 해야 하나요?"

이분처럼 '장기 투자란 어느 종목을 오랫동안 계속 보유하는 것'이라고 오해하는 사람이 의외로 많습니다. 미국의 워런 버핏을 비롯해 장기 투자로 유명한 해외의 펀드매니저들은 유망하다고 생각하는 기업의 주식을 10년, 20년 장기 보유하여 큰 수익을 올리곤 합니다. 또한 장기 투자의 사례로 '부모가 자녀 출생 기념으로 우량 기업의 주식을 선물해서 성인이 될 때까지 계속 가지고 있었더니 교육비의 대부분을 충당할 만큼 높은 수익률을 올렸다' 같은 말도 자주 듣습니다. 말 그대로 도중에 어떤 일이 생겨도 계속 보유하는 것이 장기 투자의 원칙이며 계율인 것처럼 들리지요. 그러나 현실에서는 꼭 그렇지 않습니다. 장기 투자는 리스크를 줄이는 방법이기는 하지만, 그 본뜻을 오해하면 도리어 손해를 볼 수도 있습니다.

예를 들어보겠습니다. 한번 사면 계속 보유하는 이른바 '바이앤드 홀드Buy and Hold' 전략은 한번 투자한 종목을 계속 보유한다는 의미에서는 장기 투자와 같은 전략이라고 볼 수 있지만, 본뜻이 반드시 똑같지는 않습니다.

투자 시작 시점에 '장래가 유망하고 주가도 저평가되어 있다'라고 생각했던 종목도 운용을 해나가다 보면 기업 실적이 부진하게 나타나는 경우가 종종 있습니다. 이때 '실적 악화는 일시적인 것이며 언젠가는 회복할 것이다'라고 판단된다면 계속 보유해도 좋습니다. 그러나 실적 부진이 일시적이라는 확증이 없거나 기업의 성장성에 기본적으로 문제가 발생했다면, 장기 보유를 하더라도 주가가 회복하지 않을 가능성이 큽니다. 도산이나 상장폐지 같은 사태가 일어날 수도 있습니다. 이럴 때 무작정 가지고 있는 것은 결코 현명한 투자 전략이 아닙니다.

종합주가지수와 같이 시장 전체를 평가하는 지수(주식시장의 평가)의 경우는 다소 다릅니다. 개별 종목이 도산 등의 이유로 시장에서 퇴출되어도 다른 한편으로 새로운 종목이 상장되기 때문입니다. 이런 경우에는 그 나라의 경제가 확대를 지속하는 한, 다소의 등락은 있더라도 주가지수는 상승을 계속합니다. 그뿐만이 아니라 주식시장에서 이러한 신진대사가 계속해서 이뤄질 때 시장은 역동성을 유지하게 됩니다. 또한 이러한 역동성이 뒷받침될 때 경제는 계속 확대될 수 있습니다.

장기 투자는 시장에 계속 머물러 있는 것이 전제되지만, '어떤 투자상품을 보유할까' 하는 것은 또 다른 문제입니다. 도산할 가능성이 큰 회사의 주식을 팔아 치우는 것은 장기 투자의 방침에 반하는 것이 아닙니다. 유망하다고 생각하여 매입한 종목이지만 기대했던 것과 달리 경영진에 문제가 있거나 영업 실적이 악화될 것으로 판단될 때는 주가가 매입 가격의 절반 수준으로 하락했더라도 과감하게 손절매를 해야 합니다.

이렇게 보면 결국 장기 투자란 같은 종목을 계속 보유해나가는 것이라기보다는 자신의 투자 목적에 맞는 포트폴리오를 계속 보유해가는 것이라고 정의하는 것이 옳을 것입니다. 리스크 수준이 같은 상품 중에서 종목을 교체하는 것은 장기 투자의 원칙에 조금도 반하는 행위가 아닙니다.

개별 종목 리스크는 분산 투자로 관리한다

주식 투자에 따르는 또 하나의 리스크는 '개별 종목 고유의 리스크'입니다. 어느 기업의 주식을 샀을 때 그 기업의 요인 탓에 주가가 변동하는 리스크를 말합니다. 개별 종목 리스크를 피하기 위해서는 기본적으로 좋은 기업의 주식을 고르려는 노력을 게을리해서는 안 됩니다. 열심히 기업을 방문하고 경영진의 능력을 포함하여 해당 기업의 내용과 그 기업이 속해 있는 산업을 냉정하게 분석하여 자산가치, 수익성 등에 비해 주가가 저평가되어 있는 기업을 골라야 합니다.

그러나 아무리 우수한 애널리스트가 노력한다고 하더라도 100% 우량 종목만을 고를 수는 없습니다. 주가를 움직이는 복잡한 변수들이 너무나 많기 때문입니다. 따라서 개별 종목 리스크를 줄이기 위해서는 여러 종목에 '분산 투자'를 해야 합니다.

분산 투자란 투자 대상 종목을 몇 종목에서 몇십 종목으로 분산하여 투자 리스크를 줄이는 방법을 말합니다. 예를 들어 항공회사 주식에 투자했다고 가정해봅시다. 항공회사의 수익은 여러 가지 요인에 의해 좌우되지만 가장 큰 영향을 미치는 것은 석유 가격의 동향입니다. 석유 가격이 오르면 연료비용이 늘어나 항공회사의 수익이 줄고 주가가 하락합니다. 그러나 이때 석유회사의 주식에도 같이 투자하고 있었다면, 항공회사 주가가 하락하더라도 원유 가격 상승으로 석유회사의 주가는 상승할 것입니다. 양쪽의 주식에 나누어 투자하면 어느 한쪽의 주식에만 투자할 때보다 리스크가 크게 줄어듭니다. 이것이 분산 투자의 효과입니다.

분산은 크게 종목 분산, 시간 분산, 리스크 크기별 분산으로 나눌 수 있습니다. 일테면, 앞에서 제시한 예시처럼 석유주와 항공주를 같이 사면 종목 분산입니다. 투자 후에 석유 가격이 오르면, 항공주는 하락하지만 석유주는 상승하기 때문에 보완이 될 수 있습니다. 적금 붓듯이 다달이 얼마씩 투자해나가면 시간 분산 투자가 됩니다. 적립식 투자가 여기에 해당합니다. 뒤에서 좀 더 자세히 설명하겠지만, 투자 리스크를 관리하면서 목돈을 만들어가는 방법입니다.

주식이나 주식형 펀드와 같은 공격적인 상품에 적립식으로 투자해서 어느 정도 목돈을 마련했더라도, 그걸 그대로 두면 큰 폭의 주가 하락이 올 경우 실제 가치평가액이 크게 줄어들 수도 있습니다. 이를 방어하기 위해서는 자신의 형편에 맞게 주식·주식형 펀드와 같이 리스크가 큰 상품과 채권·채권형 펀드·CMA·예금처럼 안정적인 상품에 나누어 관리해야 합니다. 이것이 바로 리스크 크기별 분산입니다.

특별한 투자가의 특별한 성공 사례가 종종 언론에 소개됩니다. 많은 개인 투자자가 그런 방식을 따라 해보지만 대부분 실패로 끝납니다. 자신의 능력을 냉정하게 점검해보지 않았기 때문입니다. 선진국의 투자자들은 이런 시행착오를 반복하면서 개인 투자자들에게 가장 적절한 투자 방법은 역시 장기·분산 투자라는 평범한 진리를 깨닫게 된 것입니다.

그렇다고 분산 투자가 투자의 성공을 100% 보장한다고 말할 수는 없습니다. 오히려 지나치게 투자 대상을 늘리면 관리가 어려울 수도 있습니다. 따라서 개인 투자자들에게는 종목의 분석과 분산 투자를 전문가가 대신 해주는 펀드 투자가 바람직한 대안이 될 수도 있습니다.

금융자산은 용도별로 나누어 관리하자

투자에 따르는 리스크를 관리하기 위해서는 장기·분산 투자를 해야 한다는 말씀을 드렸는데요, 그와 병행해서 해야 할 일이 있습니다. 보유 금융자산을 용도별로 관리하는 일입니다. 즉 저축 주머니, 트레이딩 주머니, 자산 형성 주머니로 나누는 것입니다. 몇십만 원이든, 몇천만 원이든 그동안 모아둔 자금이 있으면 그 자금을, 그리고 당장은 모아둔 돈이 없더라도 매월 얼마씩 월급을 받는다면 그 월급을 용도별로 세 개의 주머니에 나누어서 관리하는 것입니다.

생계용(저축) 주머니

첫 번째 생계용(저축) 주머니는 누구나 꼭 갖고 있어야 하는 주머니입니다. 몇 개월 이내에 지출해야 할 생활비, 자녀 학자금, 예기치 않은 사태에 대비한 비상금 등을 이 주머니에 넣어둡니다. 이런 성격의 자금은 필요하면 언제든 해약해서 써야 하기 때문에 예금이나 CMA 같은 저축상품에 넣어두어야 합니다. 그런 의미에서 '저축 주머니'라고 부릅니다. 또한 생활에 필요한 자금을 넣어둔다고 해서 '생계용 주머니'라고도 합니다.

앞에서 금융상품은 크게 저축상품과 투자상품으로 나뉜다는 말씀을 드렸습니다. 저축상품이란 금융회사가 운용을 책임져주기 때문에 수익률은 낮지만 원금을 손실 볼 염려가 없고 필요할 때 쉽게 해약할 수 있는 상품입니다. 은행예금이 대표적인 저축상품이며, 미국에서는 CMA도 저축상품에 포함합니다. 원금이 깨지지 않도록 운용하는 것을 원칙으로 하기 때문입니다.

주식·채권·펀드 등의 투자상품에 투자하면 크게 벌어도 투자자의 몫이고, 크게 손실이 나도 투자자의 몫입니다. 따라서 투자상품에 투자할 때는 그 상품의 리스크 크기와 수익률 가능성에 대해 많은 공부를 해야 합니다.

저는 48년 동안 금융투자 업계에서 일하면서 저축 주머니에 들어가야 할 자금을 투자상품에 넣었다가 큰 손실을 본 사람들을 종종 보아왔습니다. 집을 옮기면서 중도금으로 받은 돈이 한 달간 놀게 됐는데 이 돈을 주식 투자로 늘려볼 수 없을까, 몇 달 후 딸의 결혼 자금으로 쓸 돈이 있는데 주가가 오를 때 주식을 사서 불려볼까 등의 전화를 얼마나 많이 받았는지 모릅니다. 그때마다 저축과 투자의 차이를 설명하면서 단기 자금을 단기 시황 전망만 믿고 주식이나 주식형 펀드에 투자하지 않도록 설득하느라 무척 애를 먹었습니다.

물론 생계용 자금이라고 해서 꼭 저축 주머니에만 넣어둘 필요는 없습니다. 자금 계획을 잘만 세운다면 3개월 정도의 여유 자금은 단기 공사채형 펀드에 넣는 것도 좋습니다. 가격 변동이 심한 투자상품에 넣었다가 갑자기 자금이 필요하여 손해를 보고 해약하는 일만 없게 하면 되니까요.

트레이딩(오락용) 주머니

두 번째 주머니는 트레이딩trading 주머니입니다. 이 주머니에서는 주식, 채권, 선물, 옵션 등의 개별 종목을 단기간에 사고팔아서 수익을 내려는 자금을 관리합니다.

물론 트레이딩도 투자의 한 종류라고 할 수 있습니다. 다만 투자는 리스크를 관리하면서 자산을 안전하게 운용한다는 의미가 있는 반면, 트레이딩은 리스크를 각오하고 '단기에 승부를 건다'라는 의미가 강합니다. 투기와 비슷한 뜻으로 쓰인다고도 볼 수 있죠. 그래서 '투기 주머니' 또는 '대박 주머니'라고도 합니다. 투자는 좋은 것이고 투기에 가까운 트레이딩은 나쁜 것이라고 할 수는 없습니다. 이 주머니를 운용할 때의 자세가 문제일 뿐입니다.

어떤 산업이나 개별 기업을 열심히 분석하여 단기 투자에 성공하는 사람도 많이 있습니다. 또한 단기에 승부를 걸고 스릴을 느끼는 것 자체에서 재미를 느끼는 사람들도 많습니다. 특히 몇 년 전부터는 개인의 인터넷 거래가 크게 늘고 있습니다. 미국에서 인터넷으로 투자 정보를 수집하는 연령층을 조사한 결과를 보면, 초기에는 30~45세가 주류였는데 최근에는 60~70세의 노인들이 크게 늘고 있다고 합니다. 반면 45~60세의 현역 비즈니스맨에게는 그다지 보급되고 있지 않다고 합니다. 정년퇴직 후에 머리 회전이 둔해지는 것을 막기 위해 인터넷 트레이딩을 하는 노인들이 늘고 있다고도 추정할 수 있겠습니다.

우리나라에서도 마찬가지입니다. 제가 아는 어느 대학교수님은 정년퇴직을 하면서 인터넷 트레이딩을 시작하셨습니다.

제5장: 저금리 시대의 금융자산 운용

모 증권사 서울 시내 지점의 고객 중에는 70세가 넘은 자산가 할머니가 한 분 계신데, 10억 원이 넘는 자금을 갖다 놓고 매일 출근하면서 선물 거래를 하신다고 합니다. 그 할머니는 돈을 버는 것보다도 트레이딩 자체가 인생의 낙일지도 모릅니다.

문제는 트레이딩 주머니가 노후 대비 재산을 형성하는 데에는 그다지 도움이 되지 않는다는 점입니다. 단기 트레이딩의 성공은 실력보다는 운에 따른 요소가 강하기 때문입니다. 매번 주가를 맞힌다는 것은 불가능한 일입니다. 트레이딩은 리스크가 큰 만큼 기대할 수 있는 수익도 크지만 반대의 경우도 생각해야 합니다. 그러므로 트레이딩 주머니는 처음부터 '오락용 주머니'라고 생각해야 합니다. 운이 좋아 수익을 많이 냈을 경우에는 그 돈으로 여행을 갈 수도 있습니다. 반면 2020년 코로나 사태 직후처럼 예기치 못한 상황을 만나 큰 손해를 보게 되면 '오락을 했으니까 됐지' 하고 체념할 수 있어야 합니다.

또한 트레이딩 주머니의 운용에서 실패를 경험하더라도 노후 생활에 타격이 가서는 안 됩니다. 저는 보유한 금융자산의 20%를 넘지 않는 것이 좋다고 조언합니다. 또한 트레이딩 주머니를 모든 사람이 꼭 갖고 있을 필요도 없다고 생각합니다. 특히 본업을 가진 일반 투자자들이 단기 트레이딩에서 계속 성공하기에는 거의 불가능에 가깝다는 점을 염두에 두어야 합니다.

자산 형성(투자) 주머니

사실 지금까지 우리나라 투자자들 대부분은 저축 주머니와 트레이딩 주머니만 갖고 있었다고 할 수 있습니다. 금리가 낮은 은행예금이 아니면 리스크가 큰 트레이딩으로 금융자산을 운용해 온 것입니다. '모 아니면 도' 식으로 자산을 관리해왔다고 할 수 있죠.

젊은 시절부터 준비해야 할 세 개의 주머니 중 가장 중요한 주머니는 '자산 형성 주머니'입니다. 자신의 꿈을 실현하는 자금, 자녀들 양육비, 결혼 자금, 주택 구입 자금, 은퇴한 뒤의 생활 자금 등을 마련하기 위한 주머니이기 때문입니다. 특히 지금과 같은 저금리, 고령화 시대에는 젊은 시절부터 이 주머니를 어떻게 관리하느냐에 따라 노후의 생활 수준이 결정됩니다.

옛날 우리 조상들은 딸을 낳으면 오동나무를 심어서 그 딸이 시집갈 때 농을 만들어주었다고 합니다. 자산 형성 주머니는 바로 이 오동나무에 해당한다고 볼 수 있습니다. 자산이라는 묘목을 확실하게 키워나가는 주머니이기 때문입니다. 여기에 필요한 것은 햇볕과 양분입니다. 햇볕은 '분산'에 해당하고, 양분은 '시간'이라고 할 수 있습니다. 자산 형성 주머니를 운용하는 기본 전략을 '투자 대상의 분산'과 '장기 계속 투자'에 두어야 한다는 의미입니다.

그런데 우리나라 가정에서는 금융자산을 대부분 저축 주머니와 트레이딩 주머니로 관리하고, 가장 중요한 자산 형성 주머니는 관리 대상으로 여기지도 않습니다. 2020년 말 기준 가계 금융자산의 구성을 보면 현금·예금·원리금확정연금·보험과 같은 저축상품이 70% 정도를 차지하고, 주식·채권·투자신탁·변액보험·변액연금과 같은 투자상품의 비중은 30% 정도에 지나지 않습니다. 현재는 주식 투자 열풍으로 투자상품 비중이 좀더 증가했으리라 추측됩니다. 최근 2~3년 사이에 투자상품의 비중이 늘고 있지만, 은행예금과 연금, 보험까지 합하면 저축 주머니의 비중이 여전히 가계 금융자산의 70% 가까이 차지하는 것도 바로이런 이유 때문입니다.

반면 같은 기간 미국의 가계 금융자산 구성을 보면 현금 및 예금의 비중은 13% 정도에 지나지 않고, 투자상품의 비중이 주식·채권의 시황과 관계없이 장기간에 걸쳐 70~80% 수준을 유지해오고 있습니다. 투자상품을 투기에 가까운 단기 트레이딩 주머니에 넣어 관리하는 비중은 매우 적고, 대부분을 자산 형성 주머니를 통해 인생설계에 맞게 장기·분산 투자를 하기 때문입니다. 이제 우리도 단기 시황에 연연하지 말고 시간과 친구가 되어리스크를 관리해가면서 노후 대비 자산 형성에 성공할 방법을 찾아야 합니다.

자산 형성 주머니는 펀드 투자로

자산 형성 주머니를 주식이나 채권 개별 종목으로 운용할 경우 장기·분산 투자를 해야 하는데, 본업을 가진 일반 개인 투자자들에게는 이 방법이 말처럼 쉽지 않습니다. 우리 경제가 국제화되면서 주가 형성 요인이 너무나 복잡해졌을 뿐 아니라 마음 약한 일반 투자자들이 급변하는 시황에 대응하여 사고파는 결단을 내리기도 어렵기 때문입니다.

이 때문에 투자 선진국이라고 하는 미국의 경우를 보면 대부분의 가정이 자산 형성 주머니를 펀드로 운용하고 있습니다. 전 세대의 52%, 즉 두 집에 한 집꼴로 펀드를 보유하고 있다는 통계가 이를 말해줍니다. 자산운용사의 펀드매니저들은 보유 종목을 점검하고 유망 종목을 발굴하여 운용 성적을 올리기 위해 끊임없이 노력합니다. 그러므로 펀드 투자자들은 개별 종목을 고르기 위해 고민할 필요가 없죠.

펀드가 좋은 또 하나의 이유는 소액으로도 고가주에 투자할 수 있다는 점입니다. 예를 들어 1주에 몇십만 원이나 하는 대형 주를 펀드를 통해서는 1만 원 이하의 단위로도 투자할 수 있습니다. 또한 일반인으로서는 조사 분석이 불가능한 해외의 주식이나 채권에도 투자할 수 있습니다.

개인 투자자라면 자신의 직업에 충실하기 위해서라도 펀드 투자를 하는 것이 바람직합니다. 개인 투자자의 가장 유력한 수입원은 자신이 하고 있는 일에서 벌어들이는 수입(월급 또는 사업소득)입니다. 즉, 한 사람의 인생에서 가장 큰 투자 엔진은 자신의 본업으로부터 얻는 수입이라는 뜻입니다. 따라서 개인 투자자는 투자 포트폴리오를 짤 때 자신의 본업에서 얻는 수입을 가장 중심에 놓고 생각해야만 합니다.

샐러리맨의 경우를 생각해보면, 근무하는 직장으로부터 매월 일정액의 급여와 6개월 또는 1년에 한 번씩 보너스를 받습니다. 다시 말하면 샐러리맨이 회사에서 하고 있는 일은 그만큼의 수입을 발생시키는 금융자산이라고도 할 수 있습니다. 따라서 포트폴리오에서 얻는 수입return을 가장 크게 하기 위해서는 자기가 맡은 일에서 성공을 거두는 것이 무엇보다도 중요합니다. 자신의 직업으로부터 얻는 소득을 높이려는 노력을 게을리하면서 주식 투자에 열중하는 방식으로는 결코 성공할 수 없다는 얘기입니다. 주식 투자에 지나치게 몰두한다는 것은 가장 수익성이 높은 자산을 썩히는 결과를 초래할 수 있기 때문입니다. 따라서

오십부터는 노후 걱정 없이 살아야 한다

투자는 투자 전문가에게 맡기고 투자자는 가장 큰 투자의 엔진인 자신의 직업에 충실해야 합니다.

펀드가 이렇게 유리한 투자 방법인데도 그동안 많은 투자자가 외면해온 이유는 무엇일까요? 여기에는 투자자, 자산운용사, 판매사 모두에게 책임이 있습니다. 투자자는 확실한 투자 목표를 세워 펀드에 장기·분산 투자하기보다는 2~3개월 후의 시황 전망을 근거로 단기 매입, 해약을 반복해왔습니다. 그러다 보니 시황이 과열됐을 때 샀다가 몇 개월 견디지 못하고 손실을 본 상태로 해약해버리는 사람이 많습니다. 자산운용사와 판매사 또한 일반 투자자들에게 장기·분산 투자를 교육하기 위해 노력하기보다는 이러한 투자자들에게 영합하여 특별한 운용 철학도 없이 단기 운용을 계속해왔습니다. 이러니 좋은 운용 성적이 나올 리 없는 거죠.

그러나 최근 들어 우리나라 펀드시장도 급속하게 질적인 개선을 보이고 있습니다. 우선 투자자들에게 장기·분산 투자 방법이 보급되기 시작했습니다. DC형 퇴직연금 투자를 통한 적립식 투자가 크게 늘어나고 있는 것도 한 가지 예라고 할 수 있습니다. 미국처럼 노후 대비 자산 형성 주머니를 펀드로 운용할 수 있는 시대가 된 것입니다.

그런데 수많은 펀드 중에서 어떤 펀드를 골라, 언제 투자해야 할까요? 그 대답은 펀드도 주식이나 채권 개별 종목 투자처럼 자신의 형편에 맞게 포트폴리오를 짜서 분산 투자를 해야 한다는 것입니다. 주가가 오를 것 같으니까 주식형 펀드를 사고 주가가 내려갈 것 같으니까 팔아버리는 식의 투자가 아니라 자신의 생애설계에 맞는 펀드 포트폴리오를 짠 후 이 포트폴리오를 재조정, 재배분해나가는 투자 방법을 택해야 합니다.

적립식 투자는
시간을 내 편으로 만드는 기술

앞으로는 인생 100세 시대를 염두에 두고 노후 준비를 해야만 합니다. 그러나 갓 사회생활을 시작한 20~30대에게 몇십 년 후를 위한 자금 마련을 지금부터 시작하라면 막막하게 느낄 것입니다. 1년 만기 정기예금 금리가 1% 조금 넘는 저금리 시대에는 적극적인 투자상품 활용 외에는 뚜렷한 해결책이 없는 것처럼 보입니다.

초보 투자자에게는 적립식 투자가 해답!

성공적인 투자를 하기 위해서는 두 가지를 기억하면 됩니다. 첫째 가격이 쌀 때 사서 비쌀 때 판다는 것, 둘째 큰돈이 돈을 만든다는 것입니다. 가격이 가장 낮을 때 사서 가장 높을 때 팔아야 최대의 수익이 나올 수 있고, 같은 수익률이라면 투자 원금이 클수록 더 큰 수익을 얻을 수 있기 때문입니다.

　매우 간단하고 당연한 것처럼 보이지만, 막상 처음 투자를 하는 사람들에게는 쉽지 않은 일일 것입니다. 우선 어떤 가격이 싼지 또는 비싼지, 즉 언제 더 많이 사고 언제 팔아야 하는지 적기를 알기가 어렵기 때문입니다. 투자 전문가들 역시 수없이 다양한 방법으로 분석해도 정확한 시점을 알기 어려운데, 하물며 초보자들이 그 타이밍을 어떻게 맞히겠습니까. 특히 사회 초년생이라면 투자할 만한 목돈을 가지고 있지 않기 때문에 큰돈을 한 번에 투자해 큰 수익을 기대하기도 어렵습니다. 2030세대가 빚을 내어 투자하고 싶어 하는 것도 그런 이유에서라고 생각합니다.

　'그렇다면 대체 초보들은 어떻게 투자하라는 말이냐'라는 질문에 답을 준 사람이 있습니다. 투자의 귀재 워런 버핏의 스승이자, 가치 투자의 창시자인 벤저민 그레이엄입니다. 그는 '적립식 투자'가 답이라고 말했습니다.

적립식 투자는 말 그대로 은행에 적금을 붓듯이 일정한 기간과 금액을 정해놓고 꾸준히 투자하는 방법을 의미합니다. 예를 들어 기간은 한 달, 금액은 10만 원으로 정했다면 매달 10만 원씩 투자하는 것입니다. 〈그림 5-1〉과 같은 가격 변동을 보여주는 주식에 매달 10만 원씩 10년간 총 1,200만 원을 투자했다고 가정해봅시다.

처음 5년간은 가격이 지속적으로 하락하여 시작 가격의 5분의 1인 2,000원까지 내려갔습니다. 이 기간에는 당연히 속상할 것입니다. 그 후 다시 5년 뒤에 원래 가격인 1만 원으로 회복했습니다. 이럴 때, 10년 동안 투입한 투자원본 1,200만 원의 평가

그림 5-1 … 적립식 투자의 예

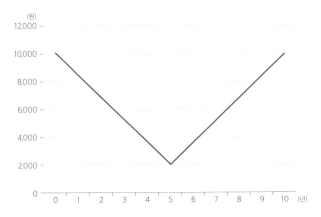

제5장: 저금리 시대의 금융자산 운용

금액은 얼마일까요? 언뜻 보면 가격이 내려갔다가 다시 돌아왔으니 본전이라고 생각할 수도 있습니다. 그런데 정답은 약 2,410만 원으로, 무려 2배 이상으로 늘어납니다. 가격이 내려가서 싸졌을 때 그만큼 더 많이 살 수 있었기 때문입니다. 이처럼 목돈은 없어도 매월 고정적인 수입이 있는 사회 초년생이나 직장인에게는 적립식이 좋은 투자 방법이 될 수 있습니다.

적립식 펀드의 최대 장점은 분산 투자를 통해 가격 변동 리스크를 최소화할 수 있다는 점입니다. 이러한 특징은 '적립식 투자'가 갖는 힘을 알면 쉽게 이해할 수 있습니다.

가격이 내려가도 안심할 수 있는 투자

금융상품의 가격이 내려가면 기존 가격으로 회복될 때까지 손해를 보고 있다고 생각하기 쉽습니다. 그러나 가격이 내려가도 크게 걱정할 필요가 없는 투자 방법이 바로 적립식 투자입니다.

적립식 투자의 핵심은 '기준가격'이 아닌 '좌수'에 있습니다. 쌀 때 사서 비쌀 때 팔려다 보니 우리는 대개 '얼마에 살지', 즉 기준가격만 고려하곤 합니다. 그러나 그것에 집착하면 또 다른 중요한 요소를 놓치게 됩니다. 펀드는 1,000좌당 1,000원의 기준가

격으로 운용이 개시됩니다. 그리고 펀드의 평가 금액은 다음과
같이 계산됩니다.

$$펀드\ 평가\ 금액 = 좌수 \times 기준가격 \div 1{,}000$$

즉, 펀드의 평가 금액은 얼마의 기준가격으로 얼마만큼의 좌
수를 가지고 있는지 곱셈으로 산출되죠.

펀드를 구입한다는 것은 일정 좌수를 '산다'는 것입니다. 실
제로 기준가격에 따라 몇 좌를 살 수 있는지 생각해봅시다. 이때
는 위의 식을 변형하여 다음과 같이 구할 수 있습니다.

$$좌수 = 투자자금 \div 기준가격 \times 1{,}000$$

투자자금이 1,000원이고 1좌에 1원이라면, 기준가격이 1,000
원일 때는 1,000좌를 살 수 있습니다. 그러다가 기준가격이 500
원으로 내려가면 어떻게 될까요? 같은 1,000원을 가지고 2,000좌
를 살 수 있습니다. 같은 금액일지라도 기준가격이 바뀌면 이처
럼 살 수 있는 좌수가 달라지는 것입니다.

그림 5-2 ··· 몇 좌를 살 수 있나?

※ 투자자금이 1,000원이고, '1좌 = 1원'일 경우

■ 기준가격이 1,000원일 때

$$1,000좌 = \frac{1,000원}{(투자자금)} \div \frac{1,000}{(기준가격)} \times 1,000$$

■ 기준가격이 500원일 때

$$2,000좌 = \frac{1,000원}{(투자자금)} \div \frac{500}{(기준가격)} \times 1,000$$

쌀 때 많이 사고, 비쌀 때 적게 산다

적립식 투자에서는 기준가격이 바뀔 때마다 살 수 있는 좌수가 변합니다. 다시 말해, 펀드 가격이 '쌀' 때는 더 많은 좌수를 살 수 있고 가격이 '비쌀' 때는 적은 좌수를 사게 됩니다. 펀드 평가 금액은 좌수와 기준가격의 곱이기 때문에 가격이 올라가면 가격이 내려갔을 때 사들인 좌수에 상승한 기준가격을 곱한 결과물(펀드 평가 금액)이 상승합니다. 결국 적립식 투자는 기준가격의 오르내림을 이용하며 많은 좌수를 매입하는 투자법인 것입니다.

장점 1: 가격이 내려가도 안심할 수 있다

Q1. 매월 1만 원씩 적립식으로 투자할 경우, 10년 후의 가치는 얼마가 될까요? (〈그림 5-3〉과 같이 가격이 변동하는 펀드상품을 매월 1만 원씩 구입할 경우, 10년간 투자 총액은 120만 원입니다.)

그림 5-3 ··· 적립식으로 펀드에 투자했을 때의 예 1

① 약 72만 원   ② 약 100만 원   ③ 약 160만 원

A1. 정답은 ③ 약 160만 원입니다.

10년 후에 펀드 가격이 거의 반값으로 내려가도 투자이익을 얻을 수 있습니다. 첫해에 120만 원을 한 번에 투자했을 경우, 10년 후 펀드 가격이 6,000원으로 내려가면 10년 후의 가치는 72만 원이 됩니다. 그러나 적립식 투자를 하면 160만 원이 되어, 오히려 수익을 얻을 수 있습니다. 적립식 투자는 이처럼 최종 가격이 시초 가격보다 낮다고 해도 이익을 낼 가능성이 있습니다. 평균 매수 가격과 총 보유 좌수를 비교하면, 이런 차이가 발생하는 이유를 이해할 수 있습니다.

적립식 투자는 가격이 내려갔을 때 더 많은 좌수를 매입할 수 있기 때문에 한 번에 투자(거치식 투자)한 것에 비해 많은 좌수를 보유하게 됩니다. 그 결과 평균 매수 가격이 내려가는 것입니다.

표 5-1 적립식 투자와 거치식 투자의 성과 비교 예

(단위: 좌, 원)

구분	총좌수	평균 매입 가격
적립식 투자	269	4,455
거치식 투자	120	10,000

그러므로 적립식 투자는 중간에 가격이 하락해도 크게 걱정할 필요가 없습니다.

장점 2: 가격이 내려가도 빠르게 회복한다

Q2. 투자가 흑자로 전환되는 시점은 언제일까요? (1만 원에서 시작하여

〈그림 5-4〉와 같이 가격이 변한다고 가정해봅시다. 5년간 계속 하락해 2,000원까지 갔다가 다시 5년간 상승하여 1만 원으로 회복했습니다. 이 기간에 매월 1만 원씩 펀드를 계속 매입할 경우, 투자 총액은 120만 원입니다.)

그림 5-4 ··· 적립식으로 펀드에 투자했을 때의 예 2

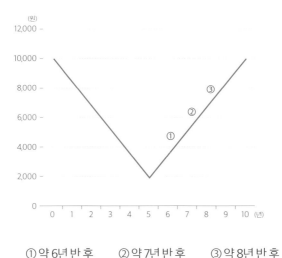

① 약 6년 반 후   ② 약 7년 반 후   ③ 약 8년 반 후

A2. 정답은 ① 약 6년 반 후입니다.

위와 같은 가격 변동이 있었을 경우 약 6년 6개월째에 흑자로 전환됩니다. 가격이 내려갔을 때 매입한 좌수 덕분입니다. 한꺼번에 투자했는데 가격이 내려가면 투자한 시점의 가격으로 돌아와야만 원본 회복이 가능합니다. 그러나 적립식 투자는 그보다 일찍 원금을 찾을 수 있다는 점에서 손실 구간이 짧다고 할 수 있습니다.

장점 3: 원래 가격으로 돌아오기만 해도 수익이 난다

Q3. 가격이 초기로 회복됐을 경우 평가액은 어떻게 될까? (Q2의 경우처럼, 1만 원에서 시작한 가격이 5년 동안 2,000원으로 하락했다가 이후 5년간 상승하여 1만 원으로 돌아왔다고 가정해봅시다. 10년 동안 매달 1만 원씩 펀드를 매입했을 경우 투자 총액은 120만 원입니다.)

그림 5-5 ··· 적립식으로 펀드에 투자했을 때의 예 3

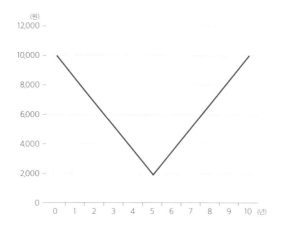

① 약 120만 원   ② 약 170만 원   ③ 약 240만 원

오십부터는 노후 걱정 없이 살아야 한다

A3. 정답은 ③ 약 240만 원입니다.

펀드 가격이 투자 시점의 가격으로 돌아오기만 해도 투자 원금의 2배 이상의 가치를 갖게 됩니다. 이것이 적립식 투자의 '리바운드 효과'입니다. 한 번에 투자했다면 10년간 투자하고도 원금을 건질 뿐입니다. 그러나 시간을 분산하여 투자하면 더 나은 결과를 얻을 수 있습니다.

적립식 투자의 단점

그렇다면 적립식 투자는 만능일까요? 앞에서는 가격이 내렸을 경우를 중심으로 설명했는데요. 반대로, 가격이 올랐을 때는 어떻게 될까요?

단점 1: 가격이 계속 상승할 때는
초기에 일시금을 투자하는 쪽이 유리하다

Q4. 10년 후 투자 금액은 어떻게 될까요? (〈그림 5-6〉과 같이 가격이 변동하는 펀드상품을 매월 1만 원씩 구입할 경우, 10년간 투자 총액은 120만 원입니다.)

그림 5-6 ⋯ 적립식으로 펀드에 투자했을 때의 예 4

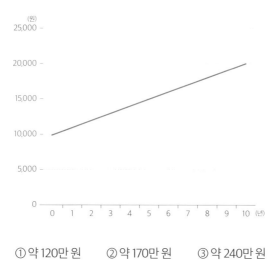

① 약 120만 원   ② 약 170만 원   ③ 약 240만 원

A4. 정답은 ② 약 170만 원입니다.

120만 원을 한꺼번에 투자할 경우, 가격이 2배가 됐기 때문에 평가 금액은 총 240만 원(100% 수익)입니다. 그에 비해 적립식 투자에서는 이익이 적습니다. 그 이유는 시간에 따라 나누어 구입하므로(분산 투자) 가격이 높아진 지점에서는 더 적은 수량밖에 살 수 없기 때문입니다. 시간이 지날수록 가격이 오르는 펀드를 적립식으로 투자하는 것은 한 번에 사들이는 거치식 투자에 비해 상대적으로 이익이 적을 수 있습니다.

단점 2: 가격이 올라갔다가 내려가는 경우에도 조심해야 한다

그림 5-7 ⋯ 적립식으로 펀드에 투자했을 때의 예 5

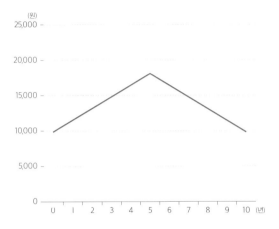

　가격이 올라갔다가 내려가는 경우에도 적립식 투자가 거치식 투자에 비해 상대적으로 손해를 볼 수 있습니다. 예를 들어 10년간 120만 원을 투자한다고 할 때, 적립식 투자 시의 평가금액은 약 88만 원(26.5% 손실)이 됩니다. 가격이 많이 올랐을 때는 적게 살 수밖에 없기 때문에 오히려 적자가 되는 구조인 것입니다.

시간을 내 편으로 만들자

이처럼 적립식 투자의 한계도 분명히 존재합니다. 그러나 10년 이상 적립식 투자를 이어간다면 단기간의 가격 변동에 연연할 필요가 없습니다. 일반적으로 주식, 펀드 등의 투자상품은 가격 등락을 반복합니다. 회사가 망하거나 상장폐지가 되는 등 상황 외적 변수가 발생하지 않는 한, 〈그림 5-8〉처럼 가격의 변동이 꾸준히 발생하게 됩니다.

그림 5-8 ··· 적립식 투자 시 높은 가격 변동의 예

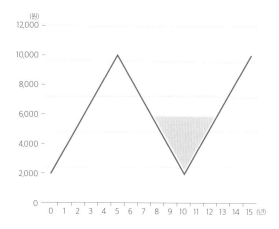

적립식으로 투자할 때 가격이 내려가는 것은 '더 많은 좌수를 살 수 있는 기회'를 의미합니다. 거치식 투자의 경우 추가로 구

입하지 않는 한 펀드 좌수가 일정하지만, 적립식 투자의 경우 주가가 하락하면 보유 좌수를 늘려갈 수 있습니다. 가격이 내려갔을 때 꾸준히 사서 모아가면, 결국 시세가 올랐을 때 상대적으로 더 큰 이익을 보게 됩니다.

기준가격이 변동하는 펀드상품에 일정 금액을 매월 자동이체로 적립하는 투자 과정은 장기간 신중하게 돈을 불리고 싶어 하는 사람들에게 좋은 투자 방법입니다. 적립식 투자와 스팟 투자(가격 하락 지점에서의 추가 매수)를 적절히 병행한다면 더욱 효과적인 투자가 될 것입니다.

중요한 건 장기적으로 시간이 흐름에 따라 가격이 상승할 가능성이 큰 펀드를 고르는 것입니다. 믿고 맡길 수 있는 펀드라면 기준가격이 내려갈 때도 보유 좌수를 늘려두는 것이 현명한 투자 방법입니다. 가격 변동을 단순히 불안하게만 여길 것이 아니라 언젠가 오를 자산을 지금 싸게 살 기회로 보고 잘 활용하면 생각보다 큰 이익을 낼 수도 있습니다.

돈을 단기간에 많이 모으는 것은 매우 어렵고, 대부분 사람에게는 불가능에 가깝습니다. 되도록 빨리 시작하여 오랜 기간 투자함으로써 시간을 내 편으로 만드는 것이 중요합니다. 더불어 가격 변동을 기대감으로 바꾸어 생각한다면 적립식 투자의 힘을 제대로 누리는 현명한 투자자가 될 수 있을 것입니다.

가장 불운한 사람의 모의 투자 실험

지금까지 적립식 투자의 중요성, 힘, 그리고 한계에 대해서 이야기했습니다. 적립식 투자는 일반적인 직장인들이 자산을 형성해나가는 데 가장 적합한 방법일 가능성이 크다는 것도 설명했습니다. 그러나 현실적으로 이런 원칙을 지켜나가기는 쉽지 않습니다. 특히 주식 투자자라면 급등주, 테마주 등 여러 유혹에서 벗어나 우직하게 원칙을 지키면서 꾸준히 투자하는 것이 의외로 어렵다는 것을 잘 알 것입니다.

그래서 흥미로운 모의실험을 하나 소개하고자 합니다. 앞으로도 영원히 시장이 우상향할 것이라고는 장담할 수 없지만, 기본적으로 자본주의가 잘 정착된 증권시장은 꾸준히 우상향해왔습니다. 한 달 단위의 적립식 투자가 아니라 5년, 10년 등 기간의 단위가 큰 적립식 투자를 하면 놀라운 기적이 펼쳐진다는 결과가 나왔습니다.

'What If You Only Invested at Market Peaks?(만약 당신이 시장 꼭대기에서만 투자했다면?)'이라는 제목의 유튜브 영상에서 이런 실험을 보여줍니다. 이 영상에서는 미국에 사는 밥^{Bob}이라는 가상 투자자가 나옵니다. 밥은 1977년 스물세 살의 나이로 일하기 시작합니다. 부지런한 밥은 매년 2,000달러를 저축하는데, 10년마다 저축액을 2,000달러씩 추가로 늘리면서 2019년 말 예순다섯 살에 은퇴하기 전까지 모아갑니다.

그는 이 돈을 이자율이 0%인 계좌에 모아서 주식시장에 넣으려고 합니다. 1980년 말 주식시장의 대호황을 목격하고 나서, 저축해둔 8,000달러를 S&P500 지수를 추종하는 인덱스 펀드에 넣습니다. 정확히 그가 펀드에 돈을 넣자마자 시장은 1982년까지 30% 하락합니다. 하지만 그는 절대로 펀드에 넣어둔 돈을 빼지 않고 꾸준히 저축을 계속합니다.

그다음 정점인 1987년 8월에 그는 그동안 저축해둔 1만 6,000달러를 같은 펀드에 추가로 넣습니다. 불운한 사나이였던 밥은 펀드에 돈이 들어가고 나서 약 두 달 뒤인 10월 19일, '검은 월요일'이라는 역대급 폭락을 겪습니다. 10월 한 달에만 시장이 20%가 넘게 하락합니다.

그 후 의욕을 상실한 밥은 펀드에 있는 돈을 그대로 둔 채, 10년이 넘는 기간에 걸쳐 다시 성실하게 5만 4,000달러를 저축합니다. 그리고 이 돈을 고스란히 닷컴 버블이 정점이던 1999년 12월, 같은 펀드에 넣습니다. 이것이 그의 세 번째 투자입니다. 그 후 2002년까지 시장은 50% 이상 하락합니다.

밥의 네 번째 투자이자 마지막 투자는 2007년 10월, 서브프라임 모기지 사태로 인한 금융위기가 본격화되기 전에 이뤄집니다. 직전 투자 이후 모아둔 5만 달러를 다시 같은 펀드에 넣었지만, 리먼 브라더스 파산 등 여러 사건이 터지면서 지수는 2009년까지 2007년의 고점 대비 50% 가까이 빠져버립니다. 하지만 그는 여전히 2019년 은퇴 직전까지 펀드에 있는 돈을 그대로 두었습니다.

1980~1982년 약세장, 1987년 블랙 먼데이, 2000년 닷컴 버블 붕괴, 2007~2009년 금융위기, 이렇게 네 번이나 정확히 시장 꼭대기에서 매입했던 밥의 최종 투자 성적은 어떨까요? 결과는 놀라울 정도입니다. 1980년부터 2019년까지 약 40년 동안 12만 8,000달러를 주식시장이 가장 비싼 시기에만 투자했는데도 110만 달러, 투자금의 9배에 가까운 수익을 올린 것입니다. 복리와 인내심의 힘으로 은퇴 백만장자가 된 것입니다.

세상에서 가장 타이밍을 못 맞힌 밥의 수익 결과도 이렇게 좋은데, 만약 그가 시장 꼭대기에서 일회성 목돈을 투자하는 대신 적립식으로 매년 꾸준히 투자했더라면 결과는 어떻게 됐을까요? 적립식으로 같은 펀드에 투자했더라면 그가 은퇴 시기에 수령하는 금액은 110만 달러의 2배가 넘는 250만 달러가 됩니다. 게다가 적금을 든 통장의 이율이 0%라고 가정했는데, 많든 적든 실제로 이자가 붙는 것까지 고려하면 더 큰 금액이 됩니다.

이 실험을 통해 무엇을 알 수 있을까요? 단기적인 시황의 변동에 일회일비하는 대신 꾸준히 적립식 투자를 해나갈수록, 풍요로운 노후와 행복한 100세 시대를 맞이할 가능성이 커진다는 것입니다.

목돈이 되면
포트폴리오를 짜서 분산하자

본업을 가진 보통 사람들이 자산 형성 주머니를 운용할 때는 먼저 적립식 투자로 목돈을 만든 다음, 그 목돈으로 자신의 형편에 맞는 펀드 포트폴리오를 짜서 투자해야 성공할 확률이 높습니다. 그렇다면 자신의 형편에 맞는 포트폴리오는 어떻게 짜는 것이 좋을까요?

포트폴리오의 어원은 이탈리아어로 '종이를 운반하는 도구'라는 뜻입니다. 원래는 서류를 끼우는 '홀더'라는 뜻으로 사용되어 왔는데 이것이 금융시장에 도입되어 '보유 유가증권 일람표'

라는 뜻으로 변한 것입니다. 따라서 포트폴리오는 각종의 투자 상품을 넣어두는 그릇이라고 생각하면 됩니다.

자신에게 맞는 포트폴리오 짜기

포트폴리오를 짤 때는 전문가의 도움을 받는 게 좋지만, 최종적으로는 투자자 자신이 짜야 합니다. 모든 사람에게 맞는 프리사이즈 포트폴리오란 있을 수 없기 때문입니다. 리스크를 거의 질수 없는 투자자라면 리스크가 높은 상품의 비율을 크게 낮추고, 리스크가 낮은 상품의 비율을 높입니다. 반대로 상당히 큰 리스크도 부담할 수 있는 투자자라면 리스크가 높은 상품의 비중을 높이고 리스크가 낮은 상품의 비율은 낮추는 포트폴리오가 좋을 것입니다.

리스크 허용 정도는 나이, 재산 상태, 가족 구성 등의 요인에 의해 결정되는데, 가장 간단하게는 본인의 연령만을 고려한 포트폴리오를 짤 수도 있습니다. '100 - 나이'의 법칙을 이용하는 것입니다.

주식 또는 주식형 펀드의 비율 = 100 - 나이

100에서 자기 나이를 뺀 만큼의 비율을 주식이나 주식형 펀드 같은 공격적인 상품에 투자하고, 나머지는 채권형이나 CMA 같은 안정형 자산에 배분합니다. 가령 나이가 30세인 투자자는 100에서 30을 뺀 70%의 자산을 주식이나 주식형 펀드에 투자하고, 나머지 30%는 채권형 펀드나 CMA에 투자합니다. 50세의 투자자라면 100에서 50을 뺀 비율, 즉 50%를 주식이나 주식형 펀드에 투자하면 됩니다.

일반적으로 연령이 60대 이상으로 현역에서 은퇴한 투자자라면 '원본 중시형' 또는 '이자·배당 중시형' 포트폴리오가 좋습니다. 원본 중시형은 예금 및 CMA 50%, 채권형 40%, 주식형 10%의 배분비율을 기본으로 합니다. 원금 확보를 최우선으로 하기 때문에 유동성이 높고 원본이 깨질 가능성은 거의 없는 반면, 수익률은 낮아질 수밖에 없는 포트폴리오입니다. 이자·배당 중시형은 예금 및 CMA 25%, 채권형 50%, 주식형 25%를 기본 비율로 합니다. 원본 중시형과 마찬가지로 수익률보다는 원본 손실을 회피하는 데 중점을 두고 노후의 생활 자금 일부를 이자, 배당에서 얻을 수 있게 하는 포트폴리오입니다. 물론 수익률이 높은 상품의 비율을 다소 높였기에 원본 중시형보다는 원금 손실의 리스크가 커지고 유동성도 그만큼 낮아집니다.

40대 후반에서 50대 투자자라면 '이자·배당 및 시세차익 절충형' 포트폴리오가 적합합니다. 수익률 추구와 원금 손실 리스크 간의 균형을 고려한 포트폴리오로, 예금 및 CMA 10%, 채권형 50%, 주식형 40%가 기본 비율입니다. 이자·배당 중시형보다는 높은 수익률을 추구할 수 있는 대신 어느 정도 높은 리스크를 감수해야 하기 때문에 원금이 깨질 가능성도 그만큼 커집니다.

20대에서 40대 중반까지의 투자자라면 '시세차익 중시형' 또는 '시세차익 추구형' 포트폴리오를 짜서 적극적으로 운용해도 좋을 것입니다. 투자 기간이 길 뿐 아니라 실패하더라도 만회할 수 있는 시간적 여유가 있기 때문입니다. '시세차익 중시형'은 가격 변동 리스크를 적극적으로 수용하여 평균 이상의 수익률을 달성하는 데 목표를 두는 포트폴리오로, 예금 및 CMA 5%, 채권

표 5-2 ··· 연령 기준 포트폴리오 예시

연령	유형	기본 배분비율
60대 이상 은퇴자	원본 중시형	예금 및 CMA 50%, 채권형 40%, 주식형 10%
	이자·배당 중시형	예금 및 CMA 25%, 채권형 50%, 주식형 25%
40대 후반~50대	이자·배당 및 시세차익 절충형	예금 및 CMA 10%, 채권형 50%, 주식형 40%
20대~40대 중반	시세차익 중시형	예금 및 CMA 5%, 채권형 30%, 주식형 65%
	시세차익 추구형	예금 및 CMA 5%, 채권형 20%, 주식형 75%

형 30%, 주식형 65%가 기본 비율입니다. 이자·배당 수입은 그다지 고려하지 않고 주식의 시세 상승차익을 주요 수익원으로 생각합니다. 한편, 시세차익 추구형은 원금 손실의 리스크를 회피하기보다는 고수익을 확보하기 위해 주식의 시세차익을 중시합니다. 예금 및 CMA 5%, 채권형 20%, 주식형 75%가 기본 비율입니다. 장기 투자에 적합한 투자상품을 엄선하여 3~5년의 투자 기간에 수익을 내겠다는 포트폴리오입니다.

이상은 연령만을 고려했고 펀드도 CMA, 채권형, 주식형으로 단순화한 모델 포트폴리오입니다. 실제 포트폴리오를 짤 때는 연령뿐 아니라 재산 상태, 가족 상황, 자신의 투자 성향 등을 고려해야 합니다. 편입 대상 펀드 또한 국내 펀드만이 아니라 해외 펀드까지 다양하게 선택할 수 있습니다.

포트폴리오 재조정과 재배분

포트폴리오를 짜서 펀드 투자를 한 다음에는 정기적으로 점검을 해야 합니다. 예를 들어 50대 중년의 투자자가 현재 보유하고 있는 금융자산과 신규로 투자하는 자금을 주식형 50%, 채권형 40%, CMA 10%의 포트폴리오를 짜서 운용하고 있다고 가정해봅시다.

주가가 급등할 때는 채권형을 팔아 주식형을 늘리고 싶다는 유혹을 받게 됩니다. 주식형의 기준가격은 계속 오르는 데 비해 채권형이나 CMA는 거의 변동이 없기 때문입니다. 그러나 어떤 특별한 정보나 기발한 내용을 아는 것보다 더 중요한 것은 이럴 때 유혹을 참고 자신에게 맞는 포트폴리오를 지켜가는 것입니다.

그 대신 6개월에 한 번씩 포트폴리오에 들어 있는 펀드들을 시가로 평가해봅니다. 성격이 급해서 3개월에 한 번씩 평가하는 투자자도 있고 미국에서는 느긋하게 1년에 한 번씩 평가하는 투자자도 있지만, 우리나라의 경우에는 6개월에 한 번 정도가 적당하지 않나 생각합니다.

예를 들어 6개월 사이에 주가가 크게 올라 주식형의 비중이 전체 투자 금액의 70%로 늘어났다고 해봅시다. 그러면 주식형 50%였던 중년의 포트폴리오가 20~30대에게나 맞는 '시세차익 추구형 포트폴리오'로 바뀐 결과가 됩니다. 중년 투자자에게는 리스크가 너무 높은 포트폴리오가 된 것입니다. 이럴 때는 주식형에서 늘어난 20%를 팔아 채권형과 CMA의 줄어든 비율을 채워줘야 합니다. 주가가 너무 올라 내려갈 것 같아서 주식형의 비중을 줄이는 게 아닙니다. 중년에게 맞는 포트폴리오로 바꾸어

그림 5-9 ··· 포트폴리오 재조정 사례

■ 정기적인 재조정 사례(6개월)

놓기 위해서입니다.

이처럼 현실의 포트폴리오가 애초의 자산배분 계획대로 유지되도록 노력하는 것을 포트폴리오 재조정이라고 합니다.

반대로 6개월 사이에 주가가 하락하여 주식형의 비중이 40%로 줄고, 채권형과 CMA에서 그만큼 늘어났을 수도 있습니다. 이럴 때는 채권형과 CMA에서 늘어난 10%를 팔아서 주식형의 줄어든 부분을 메꿔줍니다. 원래의 비율인 주식형 50%로 되돌려놓는 것입니다. 주가가 크게 내려서 다시 오를 것 같으니까 주식형의 비중을 높이는 게 아닙니다. 중년 투자자에게 지나치게

오십부터는 노후 걱정 없이 살아야 한다

보수적인 포트폴리오가 됐기 때문에 중년에게 맞는 포트폴리오로 되돌려놓는 것입니다. 6개월에 한 번씩 이런 재조정 작업을 계속해나가면 됩니다.

이렇게 재조정을 해나가는 도중 몇 년에 한 번씩은 재산 상태나 가족 상황 등 자신의 형편에 변화가 생길 수 있습니다. 리스크를 감당할 수 있는 정도가 바뀐다는 뜻입니다. 유산 상속으로 생각지 않았던 재산이 생길 수도 있고, 직장이 바뀌면서 월급이 줄어들 수도 있습니다. 1년 후에 집을 살 계획이 생기거나 자녀가 결혼을 하게 돼서 목돈이 필요해질 수도 있습니다. 경제적인 상황뿐만이 아닙니다. 나이가 들면서 투자 기간이 줄어드는 것도 형편상의 커다란 변화입니다.

예를 들어 60세가 되어 정년퇴직을 한 투자가에게 주식형 비중 50%는 리스크가 높은 포트폴리오입니다. 따라서 자신의 리스크 허용도를 다시 확인해보고 종래보다는 보수적인 포트폴리오로 바꿔야 합니다. 이렇게 자신의 형편이 바뀜에 따라서 그에 맞도록 포트폴리오 자체를 바꾸는 것을 포트폴리오 재배분이라고 합니다. 재배분은 재조정에 비해 고려해야 할 요소도 많고, 시간이 소요되는 작업이기 때문에 몇 년에 한 번씩 하게 됩니다. 몇 년에 한 번씩 자신의 리스크 허용도를 다시 측정해보고 자신의 형편에 맞는 포트폴리오를 짜는 것입니다.

그림 5-10 ⋯ 포트폴리오 재배분 사례

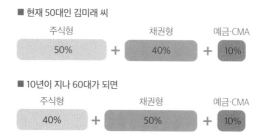

■ 현재 50대인 김미래 씨

주식형   채권형   예금·CMA

50% + 40% + 10%

■ 10년이 지나 60대가 되면

주식형   채권형   예금·CMA

40% + 50% + 10%

　　선진 증시의 투자자들은 대부분 이런 방식으로 투자를 합니다. 그들은 주가가 오를 것 같으니까 주식형 펀드를 사고, 주가가 내려갈 것 같으니까 팔아버리는 식으로 투자하지 않습니다. 시황 전망에 따라 자주 사고파는 방식보다는 이렇게 포트폴리오를 짜서 5년, 10년 장기 투자를 하는 것이 성공할 가능성이 크다는 것을 경험했기 때문입니다. 우리나라에도 이런 펀드 포트폴리오 투자 방식이 하루빨리 정착되어야 할 것입니다.

실력 있는 운용회사
고르는 법

펀드를 고를 때 판매하는 회사(증권사, 은행)만 볼 뿐 펀드를 운용하는 회사에 대해서는 신경을 쓰지 않는 투자자가 많습니다. 그러나 펀드의 운용 성적은 운용회사에 달려 있으므로 운용사를 꼼꼼히 살펴봐야 합니다.

그렇다면 어떤 회사가 운용하는 펀드를 골라야 할까요? 결론부터 말하면, 경영이 독립적으로 이루어지는 운용회사의 펀드를 고르는 것이 성공할 확률이 높습니다. 지금까지 세계적으로 성공한 운용회사의 경영구조가 대부분 오너 회사이거나 파트너십 형태의 회사 또는 도제(徒弟) 형태의 회사였다는 점이 이를 증명합니다.

물론 세계 일류의 대형 운용회사들 중에는 규모나 조직 면에서 오너 회사나 파트너십 회사라고 하기 어려운 곳도 있습니다. 그러나 이들 운용사도 출발 당시에는 대부분 오너 회사나 파트너십 회사 형태였으며, 지금도 대기업이기는 하지만 운용 철학이나 노하우의 축적 및 전수 과정을 보면 앞에 소개한 세 가지 중 어느 한 가지 유형에 속함을 알 수 있습니다. 자산운용업은 제조업이나 여타 금융업과 달리 개인의 창의성이 특히 중요한 업종이며, 자산운용사의 운용 철학과 운용의 노하우는 사람에게서 사람으로 전수되어가는 것이기 때문입니다.

예외도 없지는 않습니다. 미국의 뱅가드나 로젠버그처럼, 수학과 컴퓨터를 이용한 시스템 운용으로 성공한 사례가 그렇습니다. 이런 회사는 금융기관 계열의 운용회사에 많은데, 대부분 컴퓨터 시스템을 이용한 운용 모델로 경쟁합니다. 그래서 운용 수수료율이 상상할 수 없을 만큼 낮습니다. 이런 예외적인 경우를 제외하면 수시로 교체되는 샐러리맨 경영자가 경영하는 운용회사가 성공한 사례는 거의 없다고 해도 과언이 아닙니다.

미국에는 백화점식으로 모든 스타일의 운용 업무를 하는 대형 운용사부터 자기만의 독특한 스타일로 운용하는 부티크 하우스에 이르기까지 수만 개의 운용사가 있습니다. 그 이유는 신고만으로 쉽게 설립할 수 있기 때문입니다. 자산운용사와 투자자문사의 구별은 없고, 일정 조건을 갖춘 운용사들은 펀드와의 자문 계약을 통해 자유롭게 공모펀드의 운용 업무에도 참가합니다. 그래서인지 3~4명의 인원, 몇천만 원 정도의 적은 자본금 규모로도 자기 분야에서만은 세계적인 경쟁력을 자랑하는 운용사들이 많습니다.

우리나라 운용사들의 설립 과정을 살펴보면 구미 선진국에서 성공한 운용사들과는 크게 다릅니다. 자산운용사 설립의 자본금 요건을 일정 규모 이상으로 하는 등 진입장벽이 높았기 때문에 대기업 그룹의 계열사이거나 금융기관(은행, 보험사, 증권사 등)의 자회사인 경우가 많습니다. 모회사의 필요에 의해 설립하고, 필요한 인원은 모회사에서 비슷한 업무를 하던 사람을 데려오거나 외부에서 스카우트해 옵니다. '운용업'을 자본금과 사무실과 사람만 모아놓으면 아무나 간단히 할 수 있는 것으로 착각하고 있는 게 아닌가 하는 생각도 듭니다.

더 큰 문제는 모회사의 필요에 의해 경영자와 펀드매니저가 수시로 바뀐다는 점입니다. 그때마다 새로 온 사람이 과거를 무시하고 판을 짜서 다시 시작합니다. 이런 운용회사에 일관성 있는 운용 철학과 운용 시스템을 어떻게 기대할 수 있을까요.

운용회사에 가장 중요한 것은 '운용 철학'이고, 이를 뒷받침하는 것이 '운용 시스템'입니다. 운용 시스템이 구축되어 일정 기간(일반적으로 3년)의 성적이 나오면 이를 외부의 운용 평가기관이 평가를 합니다. 투자자는 운용회사의 자기 PR 광고가 아니라 제3자의 평가기관이 내리는 평가 기록을 보고 투자를 합니다. 이것이 투자자와 운용회사의 바람직한 관계입니다.

최근 들어 우리 시장에서도 투자자들이 펀드를 고를 때 판매기관보다는 펀드 운용사의 평판, 장기 운용 성적 등을 꼼꼼히 체크하는 경향이 강하게 나타나고 있습니다. 그에 따른 결과라고 속단하기는 아직 이르지만, 주식형 펀드의 규모가 크게 늘고 있는 운용사들을 살펴보면 경영의 독립성, 운용 철학의 일관성, 장기 운용 성적 등의 측면에서 높은 평가를 받고 있는 곳이 대부분입니다. 이제 우리 시장에서도 투자자와 운용회사의 관계가 바람직한 방향으로 정립되어가고 있다는 하나의 증거가 아닐까 생각합니다.

금융상품 가입할 때
유의해야 할 여섯 가지 사항

적립식 투자를 하든, 포트폴리오를 짜서 분산 투자를 하든 운용 대상 금융상품을 잘 골라야 합니다. 이번 달에 월급을 타서 쓰고 50만 원이 남아서 그 돈으로 노후 대비 금융상품을 산다고 가정해봅시다. 이때는 가장 먼저, 상품의 성격을 파악해야 합니다. 사려고 하는 금융상품이 예금처럼 갖다 맡기면 책임져주는 저축상품인지, 주식이나 펀드처럼 잘하면 돈을 벌지만 잘못하면 원금도 까먹을 수 있는 리스크가 따르는 투자상품인지를 확실하게 알아야 한다는 얘기입니다.

너무 조건이 좋으면 사기일 확률이 높다

요즘에는 금리가 낮다 보니 이른바 '구조화된 상품'이라고 해서 가공된 상품들이 많습니다. 이름만 봐서는 물론이고 설명을 들어도 이해하기 어려운 상품이 많아졌어요. 제가 얼마 전에 놀라운 경험을 했습니다. 저희 동네에 70대 후반의 노인분이 계신데 저한테 오시더니 "요즈음 금리가 너무 낮아서 미치겠어요. 이거 고수익 나는 상품이라는데 괜찮은가 한번 봐주세요"라고 하셨습니다. 제가 한번 읽어보니까 한마디로 말하면 '100% 위험이 없으면서 고수익을 낼 수 있는 상품'이라는 것이었어요. 세상에 그런 상품이 있을까요? 그런 것들은 사기입니다. 멀쩡히 대학 나온 노인분이 사기를 당할 뻔할 정도로 아주 매혹적인 문구를 내걸지 않았습니까.

혹시 알고 계실지도 모르겠는데, 1980년대 초에 유명한 일수 계가 있었습니다. 하루에 1만 원씩 1년을 부으면 1억 원을 받는 계랍니다. 하루에 1만 원씩 1년 365일을 부으면 얼마인가요? 365만 원이죠. 그만큼을 붓고 1억 원을 받는답니다. 그 계 이름이 뭔지 아십니까? 황당무계입니다. 몇 년 전 제 지인도 이 황당무계에 넘어가서 몇억을 날린 일이 있습니다.

또 다른 지인은 일찍 혼자 되신 할머니인데 아들도 없습니

다. 사촌 동생이 신부님인데 그분을 뒷바라지해주었습니다. 그
신부님이 아파서 돌아가시면서 사촌 누이에게 부동산 하나를
남겨주셨어요. 할머니는 현재 살고 있는 집과 그 부동산만 있으
면 여생을 편히 살 수 있었는데 주위에서 그런 분을 그냥 두지를
않았습니다. 다단계 금융사에서 와서 금리를 연 20% 넘게 준다
고 꾀는 바람에 그 부동산을 팔아 넣었다가 다 날려버렸어요. 그
분 이제 어떻게 살지 모르겠습니다.

내 자산을 지켜줄 여섯 가지 투자 원칙

요즈음 금융 사기가 많아지면서 퇴직 예정자들 대상 단골 연수
과목이 '금융 사기 방지법'일 정도입니다. 그러니까 누가 와서 기
발한 상품이라면서 유혹하면 조심해야 합니다. 내용을 꼬치꼬
치 물어본 다음에 알고 가입하거나, 물어봐도 모르겠다면 가입
하지를 말아야 합니다. 투자 원칙 중 첫 번째로 중요한 원칙이
'모르는 상품에는 절대 투자하지 말라'입니다.

두 번째로 파악해야 할 것은 운용회사입니다. 예금처럼 갖다
밑기면 책임져주는 저축상품은 어쨌든 그쪽에서 책임을 져주니
까 사놓고 잊어버리고 있어도 됩니다. 하지만 투자상품은 원금

도 까먹을 수 있으니 꼼꼼히 살펴보고 가입해야 합니다. 그중에서도 요즘 많이 가입하는 간접 투자상품인 펀드, 변액보험, 변액연금 등은 특히 주의를 기울여야 합니다. 이런 상품들을 국민은행, 삼성증권, 농협 등 어디에서 사느냐도 중요합니다. 그런데 더 중요한 것은 펀드를 운용하는 회사가 어디인가 하는 것입니다. 펀드는 간접 투자상품으로, 돈을 벌게도 해주지만 손실을 보게 하는 곳도 운용회사입니다. ○○투신운용사, ××자산운용사 등 우리나라에 200개사가 훨씬 넘게 있습니다. 정말 많습니다. 이 중에서 실력 있는 운용회사가 운용하는 펀드인지, 변액보험인지, 변액연금인지를 알고 가입해야 합니다.

실력 있는 운용회사인지 아닌지를 어떻게 확인할 수 있느냐고요? 그래서 신뢰할 수 있고, 실력 있는 전문가를 알아두는 게 중요합니다. 무책임한 전문가를 만나면 운용 성적은 형편없는데 수수료만 비싼 상품을 사게 될 수도 있습니다.

제가 어디 가서 강의가 끝나면 수강생 중에 저한테 오셔서 "저 펀드 사서 손실을 봤는데 어떻게 해야 합니까?" 이렇게 질문하시는 분이 있습니다. 그러면 제가 물어봅니다. "그 펀드 어느 회사가 운용하는 건데요?" 운용사가 어디인지를 알아야 대책을 말해줄 수 있기 때문이죠. 그런데 지금까지 운용회사 이름을 제대로 알고 대답하는 분을 본 일이 없습니다.

세 번째로 파악해야 할 것이 단서조항입니다. 금융상품에는 단서조항이 있는 상품이 많아요. 단서조항이 나쁜 게 아니고 알고 있어야 한다는 얘기입니다. 예를 들어 요즈음 퇴직 예정자들 대상으로 중위험-중수익 상품이라면서 ELS라는 상품을 많이 팔고 있습니다. 오해하지 마십시오. 이것은 좋은 상품입니다. 좋은 상품인데 단서조항이 있습니다. 그중 하나만 이야기하자면 3년 이내에 주가지수가 40% 이상만 하락하지 않으면 원금이 보장된다는 조항입니다. 그런데 그 조항을 몰랐거나 어떻게 하다 보니 40%가 하락하는 경우가 있습니다. 실제로 하락해서 큰 손해를 본 사학재단도 있습니다. 변액유니버설 상품에도 몇 년 이상 가입해야 한다는 단서조항이 있습니다. 알고 사야 합니다. 상품이 나쁜 것이 아닙니다.

네 번째는 적합성입니다. 어떤 사람한테는 참 좋은 상품인데 나한테는 맞지 않는 상품도 있습니다. 일테면 직장인이 업무 시간에 컴퓨터 앞에 앉아서 선물옵션이나 주식을 샀다 팔았다 하는 건 바람직하지 않습니다. 만약 그런 사람이 있다면 빨리 말려야 합니다. 회사 잘리려고 작정한 사람이나 마찬가지니까요. 제가 옛날에 사장을 할 때 사무실을 가끔 돌았는데요. 제가 지나가는 순간에 컴퓨터를 팍 끄는 친구가 있습니다. 왜 껐을까요? 둘 중 하나입니다. 야한 사진을 보고 있었거나 주식 매매를 하고 있었거나. 그런 직원들 중 빨리 진급되는 사람 못 봤습니다.

　주식 투자는 하는 것이 좋습니다. 그런데 하더라도 일주일에 한 번이나 보고 느긋하게 해야 합니다. 왜? 직장인은 직업에서 성공해야 하니까요. 가장 큰 투자 엔진이 자신의 직업이니 그 시간에 일을 해야 합니다. 직장인이라면 우량 펀드에 넣어놓고 원칙대로 우직하게 운용하는 것이 가장 바람직합니다.

　다섯 번째는 세금입니다. 옛날에는 세금은 부자들만 생각하면 됐습니다. 그런데 앞으로는 서민들도 절세 상품을 잘 활용해야 합니다. 요즈음 정부가 국민의 노후를 책임질 수 없으니까 노후 준비하시라고 절세 상품을 많이 내놓고 있습니다. 그걸 잘 활용해야 합니다. 개인형 퇴직연금이라고 해서 제6장에서 IRP 계좌에 대해 소개할 예정인데, 그것만 잘 활용해도 큰 도움이 됩니다.

　여섯 번째는 수수료입니다. 펀드 사면서, 보험 가입하면서 수수료가 얼마나 되는지 물어보는 사람이 100명 중 1명도 없습니다. 그런데 선진국의 투자가들은 이럴 때 가장 먼저 수수료를 물어봅니다. 왜 그럴까요? 이 저금리 시대에 수수료가 쌓이면 부담이 되면서 남 좋은 일만 하게 된다는 걸 알기 때문입니다.

　금융상품 가입할 때 지금까지 얘기한 여섯 가지만이라도 꼼꼼히 살펴보고 결정하면 큰 실수가 없을 것입니다.

오십부터는 노후 걱정 없이 살아야 한다

비트코인으로 노후 대비를
할 수 있을까?

요즘 50대 등 은퇴를 앞둔 세대뿐만 아니라 60~70대 등 노년층도 비트코인으로 대표되는 암호화폐Cryptocurrency 투자에 뛰어들고 있다는 기사가 종종 보입니다. 국내 4대 암호화폐 거래소, 즉 빗썸, 업비트, 코인원, 코빗에 가입한 60대 인구는 2021년 1분기 기준 5만 7,280명으로 조사됐습니다. 예치금을 보면 총 4,070억 원으로 1인당 예치금이 711만 원꼴이어서 전 연령 평균인 354만 원의 2배에 달할 정도였습니다. 전체 노년 인구 대비 큰 비중은 아니지만 향후 비트코인 시세 변동 등 외부적인 변수에 따라 암호화폐에 투자하는 노년 인구가 늘어날 가능성도 있습니다. 그렇다면, 이런 암호화폐 투자가 노후 대비에 도움이 될까요?

결론부터 이야기하자면 현재 상황에서 비트코인으로 노후 대비를 하는 것은 매우 위험하고, 추천하기가 쉽지 않다는 것입니다. 앞에서 설명한 트레이딩(오락용) 주머니의 자금을 이용해 매매하는 것까지는 신기술을 체험할 수 있는 취미나 놀이의 영역이라 볼 수 있지만, 변동성이 너무 큰 자산이기 때문에 자산 형성 주머니의 자금으로 투자하여 노후를 대비하는 것은 적합하지 않습니다.

앞날을 예상하기 힘든 비트코인 투자

비트코인으로 대표되는 코인 또는 암호화폐는 가상화폐라고도 불리지만 정확한 용어는 암호화폐입니다. 비트코인은 2008년 사토시 나카모토Satoshi Nakamoto라는 가명을 쓰는 프로그래머가 개발한 전자화폐입니다. 중앙은행 없이 전 세계적 범위에서 P2P 방식으로 개인들 간에 자유롭게 금융 거래를 할 수 있도록 만들어졌습니다.

2017년경 개인 투자자들 사이에서 비트코인의 근간이 되는 블록체인 기술(데이터 분산처리 기술)에 대한 기대감으로 비트코인에 대한 맹목적인 투자(투기) 붐이 일었습니다. 하지만 신기술에 대한 환상이 깨지자 버블은 순식간에 꺼졌습니다.

그러나 2020년부터 기관 투자자들을 중심으로 비트코인 투자를 통해 자산가치를 지키고 증식시키려는 움직임이 나타났습니다. 블랙록 같은 거대 자산운용사와 월가 헤지펀드들이 비트코인 투자를 시작했고, 암호화폐 투자 회사 그레이스케일이 운용하는 비트코인 신탁상품의 규모는 310억 달러에 이를 정도입니다. 특히 미국 자동차 회사 테슬라의 CEO 일론 머스크가 트위터를 통해 비트코인에 호의적인 발언을 쏟아내고, 비트코인으로 테슬라 차량을 살 수 있다고 말하면서 비트코인 열풍은 더 심해졌습니다.

2021년 4월 비트코인 가격은 국내 거래 가격 기준 8,000만 원을 돌파했다가 두 달도 지나지 않아 4,000만 원 아래로 내려갔습니다. 이 글을 쓰는 2021년 8월 현재 5,000만 원대에서 거래되고 있습니다.

암호화폐 투자와 관련하여 주의해야 할 점들

비트코인 등의 암호화폐는 금융 서비스가 자리 잡지 못한 지역의 사람들에게 송금·결제 서비스를 제공하고, 익명성으로 개인 정보를 보호하는 등 좋은 취지에서 만들어진 경우가 꽤 많습니다. 하지만 추천하지 못하는 이유들이 있습니다.

첫째, 리스크 관리가 어렵다는 점을 꼽을 수 있습니다. 한국 도박문제관리센터에 따르면, 2021년 1~3월 비트코인과 주식 투자 중독 관련 상담은 1,362건으로 전년도 같은 기간의 2배가 넘었다고 합니다. 2021년 초에 암호화폐 가격이 전반적으로 급등하면서 많은 투자자가 유입됐습니다. 그러나 5월 중순부터 전체적으로 60% 가까이 폭락했고, 2021년 6월 11일에는 국내 최대 암호화폐 거래소인 업비트가 30개 알트코인에 대한 상장폐지 및 원화 거래 중지, 유의종목 지정을 발표하여 해당 알트코인들의 가격이 70% 이상 폭락하는 사태가 일어났습니다. 절대다수의 투자자가 손실 구간에 놓이게 된 것입니다. 코인 가격 자체의 변동성뿐만 아니라 규제, 거래소 등 변수가 많아 손실 가능성도 크며, 대응하기도 어렵습니다.

둘째, 코인 사기를 꼽을 수 있습니다. 처음부터 피해가 예견된 코인 사기도 적지 않습니다. 경찰청에 따르면, 2020년 가상화폐 관련 사기 적발 건수는 333건으로 전년보다 3배 넘게 늘었다고 합니다. 코인과 관련된 사기는 셀 수 없이 많습니다. 스캠코인을 발행한다거나, 유명인 또는 유명기관과 연관된 코인을 발행할 예정이니 초기에 투자하면 많은 수익을 거둘 수 있다는 식으로 현혹하는 겁니다.

암호화폐에 투자할 때는 트레이딩 주머니만 활용하자

블록체인이라는 데이터 분산 처리 기술이 미래에 요긴하게 쓰일 수 있는 중요한 기술인 것은 자명합니다. 하지만 이런 기술로 만든 (비트)코인이라는 상품까지도 미래에서 그 가치를 인정받거나, 가치가 지속적으로 상승하리라는 보장은 없습니다. 제3 세계에서 많이 쓰인다고 하지만, 2021년 6월 현재 미국·중국·인도 등 세계 경제를 이끄는 국가들에서는 암호화폐에 대한 규제를 강화하고 있습니다. 이후에 어떤 변수나 조치로 인해 암호화폐의 가치가 다시 반등할지, 계속 하락할지 전혀 알 수 없습니다.

이렇듯 암호화폐는 아직도 불확실성이 매우 큰 자산입니다. 게다가 아직도 제도권 안에 제대로 편입되어 있지 않고, 법의 보호를 받지도 못하기 때문에 안정적이지 않을뿐더러 어떤 암호화폐(코인)가 살아남을지도 알 수 없는 상황입니다. 이런 상황과 여러 사례를 비추어 볼 때, 현재로서는 암호화폐를 자산 형성을 위한 투자 수단으로 활용하기보다는 새로운 기술을 공부해보거나 맛본다는 태도로 접근하는 것이 좋다는 생각입니다. 아니면, 단기 트레이딩으로 짧은 유희로만 만족하는 편이 낫겠다는 것이 저의 결론입니다.

빚내서 하는 주식 투자, 문제는 없는가?

종합주가지수 3000 시대가 되면서 많은 분이 주식 투자에 뛰어들고 있습니다. 나름대로 성공을 거둔 개인 투자자들도 많이 늘어났습니다. 특히 주식 투자를 몇 안 남은 자산 형성 방법이라고 생각하는 2030세대를 중심으로 투자 열풍이 불었습니다. 부모의 도움 등 특수한 경우를 제외하고는, 아무래도 나이가 어릴수록 모아놓은 돈이 적을 수밖에 없죠. 그 때문에 빚을 내서 투자하는 레버리지 투자, 이른바 '빚투'를 하는 투자자가 많이 늘어났습니다.

투자 열풍과 함께 불어닥친 빚투 열풍

금융투자협회에 따르면, 증권사에서 빌린 돈으로 주식을 사는 '신용거래융자' 규모는 2021년 8월 현재 총 25조 원을 넘어 연초 대비 5조 원 이상 늘어났습니다. 2020년 3월 말 기준 신용거래융자 금액이 6조 5,000억 원 정도였다는 점을 고려하면 '빚투'가 얼마나 빨리 늘어났는지를 알 수 있습니다.

'빚투' 또는 레버리지 투자는 지렛대 효과를 이용하여 주가가 상승하는 호황기에는 적은 돈을 투자하여 크게 불릴 수 있다는 장점이 있습니다. 예를 들어 자기 돈 3억 원에 타인자본(남의 돈) 2억 원을 빌려 1억 원의 이익을 거두면, 이자를 고려하지 않는다는 가정하에 수익률이 33.3%(1억÷3억)가 됩니다. 만약 5억 원을 고스란히 자기 돈으로만 충당했다면 수익률은 20%(1억÷5억)에 그쳤을 것입니다. 이처럼 레버리지 투자를 하면 자기자본(자기돈)을 적게 넣고 타인자본을 빌려 자기자본 수익률을 최대화할 수 있습니다.

주식 투자에도 이런 효과가 적용될 수 있습니다. 적은 돈으로 최대한 많은 주식을 매입할 수 있는데, 증시가 상승세일 때는 주식 가격은 올라가지만 빌린 돈과 이자는 거의 그대로이므로 시세차익을 거둔 후 바로 빌린 돈과 이자를 갚으면 됩니다. 다만

오십부터는 노후 걱정 없이 살아야 한다

주가가 지지부진하거나 하락하는 장세에서는 장점이 단점으로 돌변합니다. 갚아야 할 돈은 그대로거나 이자를 더하여 조금씩 늘어나는데, 빌린 돈으로 매입한 주식의 가격은 지속적으로 하락하여 손실이 계속 커지기 때문입니다.

양날의 검, 레버리지

2020년 3월 대폭락 이후 주식시장이 반등하기 시작하여, 2021년 코스피 3300 달성까지 꽤 많은 사람이 주식 투자를 통해 수익을 냈습니다. 투자에서 성공을 거두는 것은 아주 좋은 경험으로, 경제와 산업을 이해하고 장기적인 안목으로 투자를 하는 데 밑바탕이 될 수 있습니다.

그러나 과거의 성공에 비추어 과도하게 욕심을 부려 빚을 내서 투자했다가는 큰일이 날 수 있습니다. 현재는 저금리이지만, 선진국을 중심으로 테이퍼링tapering(양적완화 축소, 경기 과열 시 이를 진정시키기 위한 조치 중 하나) 시행으로 금리가 인상되거나 예고될 경우 우리나라도 금리를 인상해야 합니다. 그러면 채무자들의 부담이 늘어날 수밖에 없습니다. 또한 현재의 주식시장이 장기적으로는 우상향할 확률이 높다고 생각하지만, 단기적으로는 그

향방을 누구도 알 수 없습니다. 만약 보유 종목이든 시장 전체적으로든 조정이 올 경우, 주식 가격이 내려가 '반대매매'를 당할 위험도 커집니다. '반대매매'란 투자자가 진 빚을 제때 갚지 못할 때 증권사에서 강제로 주식을 팔아버리는 것을 뜻합니다. 실제로, 2021년 2월 말 미수금 대비 반대매매 체결 비율이 10%를 넘어 최고치를 경신하기도 했습니다.

　개인 투자자든 기관이든, 무리하게 빚을 끌어다 쓰면 큰일이 난다는 걸 보여주는 해외 사례도 있습니다. 2021년 3월 29일 뉴욕증시에서 노무라, 크레딧스위스 등 일부 금융회사의 주가가 10% 넘게 급락한 일이 있었습니다. 알고 보니 아르케고스 캐피털Archegos Capital이라는 헤지펀드가 이 금융사들로부터 많은 자금을 대출받아서 무리하게 투자하다가, 보유 종목의 주가가 갑자기 내려가면서 이른바 '마진콜(신용거래 증거금 부족분)'을 추정당한 것이었습니다. '마진콜'은 주식을 빌려준 증권사 담보주식의 가격이 일정 수준 이하로 내려가면 추가 증거금을 납부하도록 요구하는 절차를 말합니다. 아르케고스 캐피털은 이를 납부할 수 없어 결국 금융사들이 헐값에 주식을 팔아버리는 반대매매를 실행했던 것입니다. 아르케고스 캐피털이 보유했던 주식들은 추가로 급락했고, 이 헤지펀드는 결국 파산하고 말았습니다.

　이런 사례에서 볼 수 있듯이 개인이든 회사든 과도한 욕심으로 남의 돈을 무리하게 끌어다 쓰면, 본인이 감당하기 어려운 범위의 손실을 볼 확률이 커집니다. 결론은 이것입니다. 돈을 좀 더 벌고 싶어서 신용융자 등 대출을 받아 투자하는 것은 개인의 선택이지만, 손실을 봐도 감당할 수 있을 정도로 해야 한다는 것입니다. 앞에서 언급한 것처럼, 투자의 기본적인 원칙들을 지켜가면서 개별 종목이나 시장을 분석하고 예측하려는 노력을 병행하는 것이 가장 바람직합니다. 되도록 자기 돈으로 투자해야 시장에서 예측하지 못한 변수가 발생하더라도 버티면서 장기·분산 투자를 할 수 있습니다.

주식 리딩방에 휘둘리는 주린이들

2020년 동학개미 투자 운동으로 촉발된 주식 투자 열풍에 힘입어, 종합주가지수 3000시대가 열렸고, 2021년 6월에는 3300을 돌파하며 계속 새로운 역사를 써 내려가고 있습니다. 주식 투자를 사실상 유일한 '계층 간 사다리 이동' 수단으로 생각한 2030세대 투자자들이 많이 뛰어들었는데, 이들 중 주식을 처음 시작하는 이른바 '주린이('주식+어린이'의 합성어)'를 상대로 하는 불법 리딩방이 기승을 부리기 시작했습니다. 불법 리딩방은 동학개미 투자 운동 전에도 많이 있었고, 많은 문제를 야기하기도 했습니다.

오십부터는 노후 걱정 없이 살아야 한다

다시 한번 강조하지만, 짧은 시간에 돈을 많이 벌게 해주겠다는 문구에 혹해 일확천금을 노리는 것보다는 투자의 원칙을 지키려는 노력과 시장·경제·산업을 분석하고 예측하려는 노력을 병행하면서 장기·분산 투자를 하는 것이 풍요로운 노후를 맞이할 수 있는 가장 빠른 길입니다.

구제받기 어려운 사기 피해

이런 업체들의 허위·과장 광고에 속아 넘어가 이용료를 내고 노후 대비 자금 등 목돈을 투자했는데 손해를 본다면, 피해에 대한 보상을 받기가 어렵습니다. 〈그림 5-11〉에서 볼 수 있듯이 과거 대비 리딩방의 피해 사례가 꾸준히 늘어나고 있습니다. 한국소비자원뿐만 아니라 금융감독원에 들어온 리딩방 관련 민원 건수도 2019년 1,138건에서 2020년에는 1,744건으로 53%나 증가했습니다. 리딩방 운영 업체들은 주로 '수익률 ○○% 보장', '승률 100%' 등의 허위·과장 광고를 보고 들어온 투자자들에게 '가입비' 등의 명목으로 금전을 요구하는 사례가 적지 않습니다. 그러나 정작 수익이 나지 않을 때 나머지 약정 기간에 대한 환불을 요구하면 이를 거부하거나 심하면 잠적해버립니다. 환불을 해준다고 하더라도, 임의로 정한 '정보 이용료' 등의 명목으로 여러 비용을 제한 후 아주 적은 금액을 주기도 합니다.

그림 5-11 ··· 주식 리딩방 피해 상담 건수

자료 : 한국소비자원,《연합뉴스》

2021년 6월 기준 현행법상으로 보면 이런 피해를 구제받기가 쉽지 않습니다. '리딩방'은 법적으로 유사투자자문업으로 분류되며, 투자 정보를 얻기 어려운 소액 투자자들의 수요에 대응하기 위해 1997년에 도입된 업종입니다. 하지만 피해 유형에 따라 소관 부서가 달라질 수 있는데, 환불 거부로 인한 경우에는 한국소비자원에 민원을 넣는 경우가 대부분입니다. 문제는 한국소비자원이 강제적 해결 권한이 없고 임의적 해결을 '권고'하는 기관이라, 리딩방 운영 업체에서 자발적으로 합의하고자 하

오십부터는 노후 걱정 없이 살아야 한다

지 않으면 피해를 보상받기 어렵다는 것입니다. 합의가 되지 않으면 소송전으로 가야 하는데, 시간과 비용의 문제가 추가로 발생하게 됩니다.

공짜 점심은 없다

리딩방을 이용하게 되는 계기는 다양한데요. 스팸 문자, 포털 증권 토론게시판, 특정 블로그 글, 커뮤니티 댓글, 오픈채팅방 홍보 등을 보고 혹해서 들어가는 경우가 많습니다.

그림 5-12 ⋯ 리딩방 문자 예

처음에는 '무료'보 수익을 보게 해준다고 홍보하며 짧게 급등이 나오거나 작전주 등 단기적으로 상승하는 종목을 알려주면

서 투자 비중과 매수가, 손절가 등을 제시해줍니다. 같은 종목을 많은 사람에게 알리기 때문에 매수세가 몰려서 일시적으로 급등이 나올 확률이 높고, 이 외에도 당일 주목받는 테마와 관련된 종목일 경우 단기적으로 매수가 늘어 일시적으로 오를 가능성이 있습니다. 운 좋게 들어가자마자 조금이나마 수익을 본 경험이 몇 차례 쌓이면 초보 투자자들은 리딩방 운영업자를 신뢰하게 됩니다. 그런데 문제는 이익을 봤더라도, 어느 때 한 번 손실이 나면 결과적으로 수익이 0에 가깝거나 손실로 끝나게 된다는 겁니다.

예를 들어 100만 원을 투자해 5%의 수익을 거뒀는데, 다음 투자에서 5% 손실이 났다고 가정해봅시다. 5% 수익을 거둔 다음 5% 손실이 났으니 결과적으로 손익은 0일까요? 그렇지 않습니다. 100만 원을 투자하여 105만 원이 됐다가 99만 7,500원이 된 겁니다. 오히려 처음의 100만 원보다 2,500원 손실입니다. 여기에 업자들에게 월회비, 가입비 등의 비용을 지불했다면 손실 폭은 더 커집니다. 100만 원을 가지고 회비를 10만 원 내고 시작한다면, 이미 10%의 손실을 보고 출발하는 셈입니다. 이를 만회하기 위해서는 10%가 아니라 10%보다 더 큰 11% 이상의 수익률 (90만 원×1.11=99.9만 원)을 내야 초기 투자금에서 시작할 수 있습니다. 소액으로 시작하면 월회비 등의 고정비가 차지하는 비중이 크므로 이익률이 줄어들게 되죠.

그렇다면, 100만 원이 아니라 1억 원이라면 어떨까요? 원금이 크면 월회비 등의 고정비가 차지하는 비중이 작아져서 괜찮을까요? 아닙니다. 이런 리딩방에서 추천해주는 종목들은 테마와 엮여서 급등락을 보이는 종목들이 대부분입니다. 정치 테마주가 대표적인 예인데요. 이런 종목들의 특징은 급등이 나온 만큼 급락이 나올 수 있고, 차익실현 매물이나 여러 알 수 없는 사유로 가격이 급락할 위험이 크다는 겁니다. 10% 이익을 보려다가 20% 손해 볼 가능성이 크다는 얘기죠.

이런 얘기를 하면, 리딩방 업자들은 고객이 투자 비중과 매수가·손절가를 철저히 지키지 않아서 그렇다고 답하는 경우가 대부분입니다. 그런데 시작한 지 얼마 안 되는 초보 투자자가 자신의 원금 대비 비중을 철저히 계산하고, 매수가와 손절가를 모니터링하면서 투자하는 건 현실적으로 쉽지 않습니다. 초보 투자자뿐만 아니라 투자 경험이 있더라도 본업이 있는 직장인 투자자라면 주식창을 지속적으로 보기는 어렵습니다. 주식창을 계속 본다면 결국 본업에서 불이익을 받거나, 본업에서 성공할 가능성이 매우 작아질 것입니다.

심지어 안정직으로 주식창을 계속 볼 수 있다고 해도 주가의 단기적인 등락에 대한 예측이 항상 들어맞는다는 보장은 없습니다. 1분, 1초, 1일 등 단기적인 주가 등락은 사람들의 투자심리, 프로그램 매매, 뉴스, 해외 상황 등 다양한 변수에 의해 좌우되기 때문입니다. 그리고 수익이 난다고 해도, 리딩방에서는 항상 매수가 대비 최고점에서 이익을 실현했을 경우를 기준으로 수익률을 제시하기 때문에 수익률이 높아 보입니다. 그러나 현실적으로 최고점에서 파는 건 불가능에 가까운 일입니다. 보유한 주식을 매도하고 나서 오르는 경험을 해본 사람이라면 충분히 공감할 것입니다. 게다가 정작 손실이 날 경우에는 손절매 메시지를 몇 번 보내주거나 입을 싹 씻는 경우가 다반사입니다.

결국, 쉽게 돈을 버는 방법은 없습니다. 만약 본업과 병행하기 어렵다면 어떤 자산운용사나 금융회사가 좋은 철학을 가지고 운용하면서 좋은 성과를 냈는지 알아보고, 그런 회사들이 내놓은 펀드나 상품 등에 투자하는 게 낫다는 것입니다. 운용 수수료를 조금 내더라도 투자에 들이는 시간과 노력을 대신하게 할 수 있으니까요. 직접 투자를 하든 펀드를 통한 간접 투자를 하든, 장기·분산 투자라는 투자의 기본 원칙을 잊어서는 안 됩니다.

투자 공부,
어떻게 하면 좋을까?

정보의 비대칭을 해소해주는 유튜브

'개미(개인 투자자)는 기관이나 외국인 투자자를 이길 수 없다'라는
말은 20년이 넘도록 우리나라 주식시장에서 정설로 인식되어왔
습니다. 자본력뿐만 아니라 정보의 격차 또한 컸기 때문입니다.
그러나 유튜브라는 동영상 플랫폼이 인기를 얻고, 이 플랫폼에
서 양질의 투자 정보를 제공하는 채널들이 많아지면서 정보의
비대칭이 어느 정도 해소됐습니다.

그리고 2020년 3월 주식시장 대폭락을 계기로 많은 사람이 주식시장에 새로 진입하면서 개인 투자자들은 외국인과 기관이라는 고래 사이에 낀 새우가 아니라 새로운 고래로 자리 잡았습니다. 오히려 기관 투자자들이 개인 투자자들의 생각과 추세를 읽기 위해 유튜브를 보면서 노력하고 있습니다.

그렇다면 어떤 유튜브를 봐야 할까요? 사실 예전에도 투자 정보를 제공해주는 영상들은 많았습니다. 다만, 차트나 수급을 위주로 보며 단타성 매매를 권장하는 내용들이 대부분이었죠. 그러나 최근에는 기업가치처럼 본질적인 가치에 초점을 두고 시장 상황, 산업 전망 등을 알려주며 장기 투자를 이끄는 유튜브 채널들이 늘어났고, 지금도 계속 늘어나고 있습니다. 장기 투자를 지향하며 기업가치와 산업에 초점을 맞춘 유튜브를 보고 정보와 지식을 얻는 것은 대부분 투자자에게 도움이 됩니다.

무슨 이유에서 도움이 된다는 걸까요? 기존 투자자들뿐만 아니라 새로 진입한 투자자들 중에서도 대부분을 차지하는 이들이 직장인과 자영업자입니다. 본업이 있기 때문에 전업 투자자만큼 투자에 시간을 쏟기가 어렵습니다. 단타성 매매의 경우 수익을 보고 팔 수 있는 시간이 짧기 때문에, 본업과 병행하다 보면 타이밍을 놓쳐 이른바 특정 종목에 '물릴' 확률이 높습니다. 장기 투자는 이런 사람들에게 가장 적합한 투자 형태입니다. 본업과 주식 투자를 병행하는 이들에게는 장기 투자를 지향하는 유튜브 채널들을 활용하는 것이 가장 도움이 된다고 할 수 있습니다.

그러면 구체적으로 누구, 어떤 채널을 봐야 하느냐고 묻고 싶을지도 모르겠네요. 여기에는 정답이 없습니다. 사람마다 맞는 채널이 다 다르기 때문입니다. 주변 사람들에게 추천을 받거나, 영상을 보면서 자신에게 맞는 것을 찾아가는 과정이 꼭 필요합니다. 다만 그 채널이 단타성 매매보다는 기업가치와 산업 전망에 중점을 두는 채널일수록, 그리고 '무조건', '대박 종목', '수익률 보장' 등의 문구를 쓰지 않을수록 확률적으로 장기 투자에 더 적합한 채널이라고 할 수는 있겠습니다.

장기 투자를 위해 제가 개인적으로 보고 있는 유튜브 채널 중 하나는 매일 출퇴근 시간쯤 3~6개의 산업분석, 증시 상황, 해외 기업 소개 및 증시 동향 등 사실상 투자 방송국 채널이라 부를 수 있을 정도의 콘텐츠를 제공합니다. 구독자가 120만 명에 달하는데요, 이 채널이 이처럼 부상할 수 있었던 이유는 주식 종목을 리딩하는 단타성 매매가 아니라 기업가치와 산업·경제를 이해하는 데 중점을 두었기 때문이라고 생각합니다. 이 채널이 누군가에게는 맞겠지만 또 다른 누군가에게는 맞지 않을 수도 있습니다. 여러 금융회사에서 유익한 콘텐츠를 제공하는 유튜브 채널들을 운영하고 있으며, 이 외에도 다양한 개인 유튜버들이 정보에 목마른 이들을 위해 열심히 자신만의 분석이나 정보를 제공하고 있으니 잘 찾아보고 비교해보시기 바랍니다.

결론은 다음과 같습니다. 지난 20년간은 정보의 비대칭으로 개인 투자자가 투자하기 어려운 환경이었습니다. 그러나 유튜브 등의 플랫폼에서 정보가 넘쳐흐르는 시대가 되면서 그런 격차는 어느 정도 해소됐다고 판단됩니다. 오히려 정보를 얻는 것보다 정보를 선별하고 정리하여 투자에 활용하는 법을 익히는 것이 더 중요해졌습니다. 앞서 이야기한 기준에 더하여, 좋은 유튜브 채널을 발굴하고 정보를 선택하여 정리하면서 본인만의 활용법을 만들어나간다면 행복한 100세의 경제적 기반을 마련할 수 있을 것입니다.

함께 공부하며 놀라운 성과를 거두는
투자클럽 사례

투자모임을 활용하는 것도 유용한 공부 방법입니다. 이에 대해 해외 사례를 소개하겠습니다.

1990년대 후반, 미국 일리노이주 비어즈타운이라는 시골의 한 투자클럽이 매스컴에서 크게 화제가 된 적이 있습니다. 40~60대의 부인 16명이 참가하는 '비어즈타운 레이디스 투자클럽'이라는 이름의 이 투자클럽이 과거 10년 동안 23.4%라는 놀라운 운용 성적을 올렸기 때문입니다. 시골 부인들이 모인 투자클럽에서 미국의 대표적 주가지수인 S&P500 지수 상승률의 2배가 넘는 운용 성적을 올린 것입니다. 전문적인 펀드매니저들도 도저히 따라갈 수 없는 성적을 올렸으니 화제가 되지 않을 수 없었을 것입니다.

이 투자클럽은 비어즈타운의 '일하는 부인들의 모임'에 참가하고 있는 회원들이 중심이 되어 1983년에 결성됐다고 합니다. 1980년에 워싱턴에 있는 이 모임의 본부가 회원들에게 재산관리 방법을 교육하기 위해 지부별로 투자클럽을 설립하도록 권유한 것이 계기가 됐습니다. 2016년 기준 대부분의 회원은 고령으로 사망했지만, 그들의 후손이 대를 이어 전체 회원의 75%를 차지하며 투자를 계속하고 있다고 합니다.

이 투자클럽에서는 처음에는 회원 1인당 25달러씩을 갹출하여 은행예금, 채권, 펀드 등으로 운용했습니다. 이와 함께 주식 개별 종목에 대한 공부도 시작하여 나중에는 주식 투자도 시작했습니다. 회원들의 직업은 가정주부에서부터 학교 교사, 은행원, 농업 자영업자 등으로 매우 다양했는데요. 투자액은 처음 1,600달러에서 2016년 말 기준 45만 달러 이상으로 증가했습니다.

투자클럽을 설립한 가장 큰 목적은 주식시장과 기타 투자 방법을 공부하는 것이었습니다. 회원들은 교재를 통해 공부하고 모임에 전문가를 초청하여 강의를 듣는 한편, 금융 전문지를 정기구독하기도 합니다.

두 번째 목적은 인생을 즐기는 것입니다. 회원끼리 식사를 하거나 여행을 하기도 하고 기타 취미 생활을 하면서 보람 있는 인생을 보내기 위한 사교의 장으로도 활용하고 있습니다.

세 번째 목적은 투자이익을 얻는 것입니다. 그룹의 일원으로 참가하면 개별적으로 투자하는 것보다 더 많은 정보를 얻고 조사·분석을 할 수 있으며, 그 결과로 더 많은 투자이익을 얻게 된다는 것입니다.

미국의 투자클럽 역사는 생각보다 깁니다. 알려진 것으로는 1898년에 텍사스에 설립된 투자클럽이 처음이라고 하니 100년 이상의 역사를 갖고 있는 셈입니다. 이런 투자클럽을 지도하는 투자교육 NPO도 많은데 전미투자자협회NAIC가 대표적인 투자교육 단체입니다. NAIC에 따르면, 미국 전역에서 활동하는 투자클럽이 전성기 때는 3만 3,000개에서 5만 개에 달했다고 합니다. 2017년 기준 NAIC 소속의 클럽은 2,800~4,200개 정도이며 NAIC

의 회원 수는 4만 2,000명이라고 합니다.

미국의 증권시장이 오늘날처럼 발달한 큰 이유 중의 하나가 이렇게 수많은 투자클럽이 활성화되어 공부하는 개인 투자자들이 시장에 참여하고 있기 때문이라고도 할 수 있습니다.

일본의 증권 업계 또한 수년 전부터 미국의 사례를 참고로 하여 투자클럽을 활성화하기 위해 노력해오고 있습니다. 2002년 12월에 설립된 다니타 투자클럽은 30~40대의 중견 샐러리맨과 커리어우먼 15명이 모여 활동하고 있습니다. 클럽의 설립 목적은 '기업가치를 평가하는 새로운 방법을 습득하는 것'입니다. 처음에는 전문적인 기업분석 공부를 하기 위해 모였는데, 어려운 책보다는 주식 투자를 통해 기업가치를 평가해보자는 쪽으로 의견이 모여서 투자클럽 활동으로 방향을 바꾸었다고 합니다.

회원들은 모임을 시작할 때 1만 엔(약 10만 원)씩 출자하고, 그 후 월 1회 연구 모임을 가질 때마다 5,000엔(5만 원)씩 갹출하여 공동 투자를 합니다. 갹출액이 너무 적다고 생각하는 회원은 별도로 자신의 자금으로 투자를 합니다.

연구 모임에서는 인터넷을 통해 수집한 종목을 분석하여 투자 결정을 하며 때로는 전문 애널리스트를 초청하여 의견을 듣기도 합니다. 또한 전문 애널리스트들이 쓰는 투자 기법을 참고

하여 매매 룰을 만들어놓았으며, 특별한 일이 없는 한 이 룰을 지켜나가고 있습니다. 그 밖에도 일본에는 300~400개의 투자클럽이 활동하고 있다고 합니다.

우리나라에는 아직 외부에 알려진 투자클럽은 없지만, 투자 관련 공부를 하는 모임은 다수 활동하고 있는 것으로 알려져 있습니다. 저금리 시대가 장기화됨에 따라 이제 투자를 공부하지 않고는 자산을 형성할 수 없는 시대가 됐습니다. 개인들도 투자 모임 또는 투자클럽에 관심을 가져야 할 것이며, 정책 당국과 금융·증권 업계 또한 투자클럽의 활성화에 지혜를 모아야 할 때가 아닌가 생각합니다.

오십부터는 노후 걱정 없이 살아야 한다

자기 자신의 가치를 높이는 데 주력하자

2020년부터 직장인들 사이에 주식 투자 붐이 일고 있습니다. 지금과 같은 저금리 시대에 예금 같은 저축상품만으로는 노후를 대비할 자산을 형성하기가 어렵기 때문입니다. 그런 의미에서 리스크를 안더라도 고수익을 낼 수 있는 투자상품에 눈을 뜬 것은 바람직한 현상이라고 할 수 있습니다. 그런데 투자를 하더라도 주식이나 주식형 펀드처럼 높은 수익을 낼 수도 있지만 불확실성, 즉 리스크가 따르는 상품에 투자할 경우에는 리스크를 관리할 수 있는 공부를 해야 합니다.

앞서도 강조했듯이, 리스크 관리의 포인트는 장기 투자와 분산 투자입니다. 투자에 따르는 리스크, 즉 시세 급변동이 언제 나타날지는 누구도 알 수 없지만 그런 일이 생기면 그 상황이 지나가 제자리를 찾을 때까지 기다려야 합니다. 그래서 장기 투자가 필요합니다. 그리고 투자 대상으로 우량 상품을 골라야 하는데 신이 아닌 이상 100% 우량 상품만을 고를 수 없기 때문에 리스크 정도가 높은 상품과 낮은 상품, 서로 분야가 다른 상품 등에 나누어 투자해야 합니다. 이것이 분산 투자이고요.

'자기 자신'이라는 인적자산

의외로 많은 사람이 간과하는 것이 있습니다. 바로 '자기 자신'입니다. 리스크 관리 측면에서 직장인들이 '자기 자신'이라고 하는 인적자산의 특성에 따라 금융자산을 어떻게 관리해야 하는가에 대해 이야기하고자 합니다. 결론부터 이야기하자면, 직장인은 자기 자신이라는 인적자산의 특성을 냉정히 분석해보고 그에 맞는 자산관리 방법을 찾아야 합니다.

IMF 금융위기 이전까지만 해도 우리나라 직장인들의 인생은 대부분 정형화되어 있었습니다. 적어도 그렇다고 생각하는 사람들이 많았습니다. 좋은 학교를 나와 좋은 회사에 취직하여 정년까지 근무한다는 생각으로 인생설계를 하는 직장인이 대부분이었습니다. 일단 회사에 들어가서는 남보다 조금만 열심히 일하기만 하면 어느 정도 장래를 보장받을 수 있는 시대이기도 했습니다.

그러나 IMF 금융위기 이후 세상이 완전히 바뀌었습니다. 고학력도, 안정된 직장도 이제는 과거의 유물이 되어버렸습니다. 급여는 성과주의에 따라 변동폭이 커졌습니다. 안정된 직장이라고 생각했던 대기업도 한순간에 도산하는 시대가 됐습니다. 설립된 지 몇 년 되지도 않고, 젊은 사장이 경영하는 신생 IT 기업이 대기업을 인수하는 경우도 나타나고 있습니다. 그야말로 리스크(변동성)의 시대라고 할 수 있습니다.

이러한 리스크는 어디에서 생겨난 걸까요? '지식'이 가치창조의 원천인 시대가 됐기 때문이 아닐까 생각합니다. 다시 말해 '지식'이 막대한 '부富'를 창조하는 시대가 됐다는 얘기입니다. 같은 설비를 갖고 있는 기업이라도 종업원들이 그 설비를 제대로 활용할 수 있는 지식을 얼마나 보유하고 있느냐에 따라 비즈니스의 성과가 크게 달라지는 시대인 겁니다.

직장인 개개인이 얻는 수입이 그 사람이 갖고 있는 인적자산에 연동되는 시대라고도 볼 수 있습니다. 고도의 전문 기술을 가진 사람은 어느 회사에 들어가더라도 높은 수입을 기대할 수 있습니다. 반면 특별한 기술이나 전문지식이 없는 사람은 아무리 좋은 회사에서 일하더라도 낮은 수입밖에 기대할 수 없게 됐습니다. 기업도, 개인도 문자 그대로 인적자산의 시대를 맞이한 것입니다.

인적자산의 시대에는 자산에 대한 기존 관념을 바꿔야 합니다. 지금까지는 자산이라고 하면 대부분 부동산 같은 실물자산이나 주식·채권·펀드 같은 금융자산만을 생각해왔지만, 앞으로는 인적자산을 중요한 위치에 놓고 생각해야 합니다. 장래에 이익을 창출하는 것을 자산이라고 정의한다면, 대부분의 직장인에게 장래 이익을 창출하는 가장 중요한 자산은 자기 자신이기 때문입니다. 자기 자신이야말로 급여, 보너스, 퇴직금 등과 같은 수입을 벌어들이는 가장 중요하고 안정된 인적자산인 것입니다.

인적자산의 특성에 따른 금융자산 관리

앞으로는 자기 자신이라는 인적자산의 특성에 따라 부동산이나 금융자산을 관리해야 한다고 생각합니다. 인적자산은 나이와

오십부터는 노후 걱정 없이 살아야 한다

직업에 큰 영향을 받는데요, 특히 나이의 영향을 많이 받습니다. 같은 직업이라고 하더라도 20대의 직장인과 50대의 직장인은 근로수입을 얻을 수 있는 기간의 길이가 다릅니다. 예를 들어 20대의 직장인은 당장 연봉은 많지 않더라도, 앞으로 30년 이상 오랫동안 근로소득을 창출할 수 있는 가장 안전한 인적자산을 가지고 있다고 볼 수 있습니다. 금융자산으로 말하면 예금이나 채권 같은 안전자산을 많이 보유하고 있는 것과 마찬가지인 셈입니다. 따라서 금융자산을 보유할 때는 주식과 같이 리스크가 큰 자산의 비중을 높일 수 있습니다. 다시 말하면 자기 자신이라는 안전자산과 리스크가 큰 금융자산을 조합하여 전체적으로 균형 잡힌 자산배분을 할 수 있는 겁니다.

50대 직장인이라면 자산관리 방법이 어떻게 달라져야 할까요? 50대 직장인은 당장 연봉은 높을지 모르지만, 인적자산에서 수입을 얻을 수 있는 기간이 잘해야 10년 정도로 그다지 길지 않습니다. 또한 갑자기 구조조정 대상이 될지도 모릅니다. 근로소득을 창출한다는 의미에서의 자산가치는 매우 작아지고 불안정성이 커졌다는 뜻입니다. 따라서 이 연령대의 직장인은 젊은 세대에 비해 안전도가 높은, 즉 리스크가 낮은 금융자산의 비중을 높여가야 합니다.

나이 다음으로 인적자산의 특성에 큰 영향을 주는 요소는 직업입니다. 직업에 따라 인적자산의 안전도가 다르기 때문입니다. 예를 들어 공무원이나 교직원은 수입의 크기나 근무 기간이 어느 정도 안정되어 있습니다. 금융자산으로 치면 예금이나 채권과 같이 원리금이 보장된, 안전도가 높은 인적자산을 보유하고 있다고 할 수 있습니다. 따라서 인적자산의 보조적 자산인 금융자산은 리스크가 따르는 자산을 중심으로 보유해야 종합적으로 균형 잡힌 포트폴리오가 완성됩니다.

반면 증권회사 직원처럼 수입이 상대적으로 시장 동향에 좌우되기 쉽고 근무 기간의 안전도도 낮은 편인 업계에 종사하는 직장인은, 금융자산을 보유할 때 리스크가 작고 안전도가 높은 상품을 중심으로 해야 전체적으로 균형을 이룰 수 있습니다.

공무원이 증권사 직원보다 주식을 더 많이 보유해야 한다는 논리가 이상하게 여겨질지도 모르지만, 이것이 분산 투자의 원리입니다. 그런데 현실을 보면 반대인 경우가 많습니다.

요약하자면, 공무원이나 학교 교사처럼 정년이 보장되고 세상을 떠날 때까지 매월 받는 연금으로 최저 생활비를 충당할 수 있는 직장인의 경우에는 정년퇴직을 한 이후에도 어느 정도의 리스크 자산을 보유할 수 있습니다. 반면 퇴직금을 일시불로 받고 끝나버리는 일반 직장인들은 퇴직 후에 보유 금융자산으로 생활비를 충당해야 하기 때문에 리스크 자산 보유를 최소한으로 줄여야 합니다.

결국 직장인은 가장 중요한 인적자산인 자기 자신의 가치를 높여가는 데 더 많은 신경을 써야 한다는 겁니다. 인적자산은 꾸준한 자기계발을 통해 가치를 높여갈 수 있습니다. 따라서 저는 직장인이 금융자산 운용에 지나치게 시간을 쏟는 것은 바람직하지 않다고 생각합니다. 그보다는 자기 자신이라는 인적자산의 가치를 높이기 위해 노력하는 것이 훨씬 더 중요하다고 생각합니다. 자신의 직업이야말로 가장 큰 투자 엔진이기 때문입니다.

선진국에서는 대부분의 직장인이 전문가가 운용을 대신 해주는 펀드에 투자하는데, 그 이유도 바로 여기에 있습니다. 그 시간에 자기 직업에 충실하는 것이 훨씬 남는 장사라는 걸 알기 때문이죠. 최근 들어 직장을 떠나야 하는 나이가 종래보다 빨라지면서, 주식 개별 종목이나 선물·옵션과 같은 고리스크-고수익 상품에 투자해서 노후 자금을 마련하겠다는 직장인도 많은데 이건 바람직하지 않다고 생각합니다. 인적자산의 변동성이 커졌는데 금융자산까지도 리스크가 큰 투자상품으로 보유하는 것은 자산운용의 원칙에 역행하는 행동이기 때문입니다. 인적자산의 특성에 따른 금융자산 관리의 원칙을 제대로 이해하고 균형을 맞춰야 합니다.

재테크보다
더 중요한
3층연금

먹고살 걱정 없는
노후를 꿈꾼다면

OECD 회원국 중 노인빈곤율 1위

우리나라의 노인빈곤율은 2018년 기준 43.8%라고 합니다. 이 수치는 OECD 평균 대비 3배 수준이고 OECD 회원국 중에서는 가장 높은 수준입니다. 제가 강의를 다니면서 이런 이야기를 하면 우리나라가 그렇게 가난한 나라냐, 1인당 국민소득이 1만 달러가 안 되는 나라보다 노인빈곤율이 높다는 게 사실이냐 등의 질문을 많이 받습니다. 또한 이 높은 노인빈곤율을 자극적으로 과장하여 사용하는 경우도 꽤 있습니다. 노인빈곤율 산정 기준에 대해 여러 문제점이 제기되고 있는 것도 사실인데요. 여기에서는 금융연구원에서 발표한 '우리나라 노인빈곤율 현황과 시사점', 그리고 한국보건사회연구원에서 발간한 '다양한 노인빈곤지표 산정에 관한 연구'를 토대로 자세한 내용을 설명하겠습니다.

일단 노인빈곤율의 정의입니다. 노인빈곤율은 전체 인구가 아닌 전체 노인 인구 중 빈곤한 노인의 비율을 뜻합니다. 여기서 '빈곤'은 전체 인구 대상 처분가능소득 중윗값의 절반 미만 소득을 가진 상황을 의미합니다. 2021년 기준 우리나라 2인 가구의 중위소득이 월 308만 8,000원이니 그 절반인 154만 4,000원이 기준이 되는 거죠. 즉, 노인 부부가 월 154만 4,000원 미만의 돈으로 생활하면 빈곤하다고 할 수 있습니다.

OECD에서 2017년 발표한 통계에 따르면, OECD의 노인빈곤율 평균은 14.8%입니다. 스위스, 미국, 호주, 일본 등이 대부분 평균이거나 평균보다 약간 높습니다. 덴마크, 네덜란드, 핀란드 등은 3%대입니다. 반면 우리나라는 43.8%입니다. OECD 평균치의 약 3배인데, 이는 터키의 17%, 멕시코의 24.7%보다도 높은 수치입니다.

오십부터는 노후 걱정 없이 살아야 한다

그림 6-1 ··· OECD 회원국의 노인빈곤율

(단위: %)

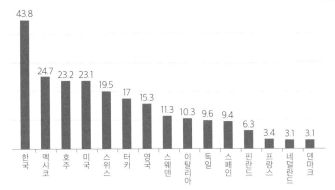

자료: OECD

    터키의 2018년 1인당 GDP가 9,311달러, 멕시코가 9,698달러 인 데 비해 우리나라는 3만 3,346달러인 것을 고려하면 상대적 으로 높은 수치라고 할 수 있습니다. 그런데 이 수치에는 맹점이 하나 있습니다. OECD의 통계적 접근은 소득만을 중심으로 빈 곤율을 산정하기 때문에 충분한 저축이나 고가의 집을 보유하 고 있어도 매월 소득이 없거나 적으면 '빈곤'이라고 분류한다는 것입니다. 즉, 시가 10억 원의 자가에 살고 있어도 월 소득이 150 만 원이 안 되면 빈곤 노인으로 분류되는 겁니다.

    실제로 소득뿐만 아니라 건강, 주거, 자산 등 모든 부문에서 어려움을 겪고 있는 빈곤층은 43.8%의 절반 정도로 추정됩니 다. 나머지 절반은 소득 차원에서만 빈곤 상태일 뿐 주거와 건

제6장: 재테크보다 더 중요한 3층연금

강, 자산 차원에서는 어려움을 겪고 있지 않은 것으로 나타났습니다. 노인들이 보유하고 있는 주택 가격을 고려하여 빈곤율을 계산해보면 20% 정도로 내려간다는 연구 결과도 있습니다.

그래도 여전히 OECD 평균인 14.8%에 비해 노인빈곤율이 낮지 않은 편입니다. 왜 이렇게 높은 수치가 나왔을까요?

첫째, 고령화 속도가 너무 빠르게 진행됐기 때문입니다. 전체 인구 중 65세 이상 노인 비율이 7%를 넘어서면 고령화 사회, 20%를 넘어서면 초고령 사회로 분류합니다. 앞서도 짚었듯이 고령화 사회에서 초고령 사회까지 진입하는 데 프랑스는 155년, 일본은 35년이 걸렸습니다. 그런데 우리나라는 25년이 걸릴 것으로 예상됩니다. 변화의 속도에 맞춰서 생각을 바꾸고 변화에 적응해야 하는데, 대비하고 적응할 수 있는 시간이 무척 짧다고 할 수 있습니다.

둘째, 노후의 소득원 부재입니다. 일본 내각부에서 발표한 자료에 따르면, 1980년도의 우리나라 노인들 중 주 소득원이 '자녀의 도움'인 노인의 비율은 72%였습니다. 그런데 2019년 기준으로는 노후의 주 소득원이 자녀의 도움이라고 답한 비율이 20%로 줄었습니다. 공적·사적연금은 17%에 지나지 않고, 정부 보조금 및 자신이 해결한다고 답한 비율이 62%나 됐습니다. 즉, 마땅히 해결책을 갖지 못한 분들이 많다는 의미입니다. 미국·일

오십부터는 노후 걱정 없이 살아야 한다

본·독일 등 선진국의 경우는 공적·사적연금이 70~80%이고 자녀 도움은 거의 0%에 가깝습니다. 한마디로 자녀 도움 대신 연금소득의 비중이 늘어야 하는 겁니다. 결국, 자녀에게 들어가는 비용을 줄이고 공적·사적연금으로 최소 노후 생활비를 마련하는 것이 노후 준비의 열쇠라고 할 수 있습니다.

노후 빈곤을 줄이기 위해서는 다음과 같은 노력이 필요합니다. 우선, 인식의 전환입니다. 2018년 서울연구원 자료에 따르면 노후 준비를 하고 있다는 비중이 꾸준히 늘고 있지만, 하고 있지 않다는 비중도 43%나 됩니다. 생각들은 하고 있지만 행동으로 옮기는 사람이 절대다수는 아니라는 겁니다. 노후 준비를 가로막는 주요 원인을 보니, 주택 구입 및 부채상환이 53%, 자녀 교육·결혼·양육비 등 자녀와 관련된 비용이 45%였습니다.

그렇다면 선진국 노인들의 노후 주요 수입원은 무엇일까요? 선진국이라고 하면 노후 자금을 몇억 원씩 들고 있으리라고 생각하는 사람이 많겠지만, 사실 그렇지 않습니다. 세상을 떠날 때까지 최소 생활비 정도를 공적·사적연금으로 확보합니다. 〈표 6-1〉에서 볼 수 있듯이, 미국·일본·독일은 주 수입원이 연금인 노인의 비율이 60~90%를 차지합니다. 우리나라는 노후에 연금으로 생활할 수 있는 사람이 학교 선생님, 공무원, 군인밖에 없는데 이런 사람은 17%밖에 안 됩니다.

제6장: 재테크보다 더 중요한 3층연금

표 6-1 ··· 노후 주요 수입원: 한국 vs. 미국·일본·독일

(단위: %)

구분	한국		미국	일본	독일
	1980	2019			
자녀의 도움	72	20.2	0.7	1.9	0.4
공적연금·사적연금	0.8	17.4	60~70	60~70	80~90
기타*	27	62.4	30~40	30~40	10~20

※ 기타: 정부 보조금(26.7%), 배우자의 소득(11.2%), 일반 예·적금(11.0%), 근로활동(9.5%) 등
자료: 2019 고령자통계

노노부양의 시대, 3층연금은 필수

그러면 그동안 우리나라 노인분들은 어떻게 노후 생활비를 조달했을까요? 앞서 잠깐 살폈듯이, 1980년만 해도 '자식의 도움'이라고 답한 비율이 72%를 차지했습니다. 그런데 어느새 이 비율이 20%로 줄어버렸습니다. 10년쯤 지나서 이런 조사를 다시 하면 우리나라도 자녀의 도움을 받는다는 비율이 미국(0.7%), 일본(1.9%), 독일(0.4%)처럼 될 겁니다. 선진국 어느 나라도 자식이 부모의 주 생활비를 도와주는 곳이 없습니다.

그렇다면 도와줄 수 없는 가장 큰 이유가 무엇일까요? 1960년 기준 우리나라 여성의 평균수명은 54세였습니다. 2018년 기준 우리나라 여성의 평균수명은 86세입니다. 자그마치 32년이

오십부터는 노후 걱정 없이 살아야 한다

늘어난 겁니다. 1960년대까지만 해도 수명이 짧았기 때문에 노부모 부양 기간이 평균 5년 정도였습니다. 그런데 앞으로 100세 시대에는 25년에서 30년이나 됩니다.

이제는 노인이 노인을 부양해야 하는 시대입니다. 자녀도 노인인데 나를 어떻게 도와줍니까? 따라서 지금 재테크보다 더 중요한 것은 국민연금, 퇴직연금, 개인연금, 즉 3층연금으로 노후에 최소 생활비를 받을 수 있도록 준비하는 것입니다. 노후 자금 마련의 기본은 3층연금입니다. 우선 부부가 같이 국민연금에 가입하는 일부터 시작해야 합니다.

지금은 대부분 맞벌이를 하니까 부부 모두가 국민연금에 가입되어 있는 경우가 많겠지만, 혹시 전업주부라면 임의가입을 권합니다. 예를 들어 30세부터 60세까지 한 달에 9만 원씩만 임의가입을 하면, 세상 떠날 때까지 50만 원씩 받을 수 있습니다. 물가가 오르면 받는 액수도 물가 상승률과 연동하여 늘어납니다. 이렇게 부부 모두가 일찍부터 국민연금에만 가입해도 절대 굶을 염려는 없습니다.

그다음 필요한 것이 퇴직연금 가입입니다. 요즘은 1인 기업, 자영업 하는 사람들도 다 퇴직연금에 가입하고 세제 혜택을 받을 수 있도록 제도가 마련되어 있습니다. 그것으로도 모자라니까 한 달에 10만 원, 20만 원이라도 개인연금에 가입하는 겁니

제6장: 재테크보다 더 중요한 3층연금

다. 100세 시대에는 이 3층연금으로 최소 생활비를 확보하는 게 제일 중요합니다.

"나는 그런 준비를 못 한 채 이미 퇴직했는데 이제 와서 어떻게 하지?"

물론 이런 사람도 많을 겁니다. 그런 경우에는 살고 있는 집, 고향의 땅을 과감하게 은행에 맡겨놓고 생활비 받아 쓰다가 세상 떠날 때 정산하는 겁니다. 주택연금, 농지연금입니다.

'그래도 갈 때 자녀에게 집 한 채는 주고 가야지'라고 생각하는 사람들도 있을 겁니다. 그런데 생각해볼 필요가 있습니다. 100살에 세상을 떠난다면 자녀가 70살쯤 되어 있지 않겠습니까? 그때 집을 준들 무슨 의미가 있을까요? 주택연금을 신청했는데 그 후로 집값이 크게 오르면 어떻게 하느냐고 묻는 사람들도 있습니다. 그런 경우 정산을 해서 남는 금액은 자녀에게 상속되니 걱정하지 않아도 됩니다.

오십부터는 노후 걱정 없이 살아야 한다

노후 대비 자산 형성에
필수인 퇴직연금

앞서 우리나라 노인빈곤율이 OECD 국가들 중 가장 높게 나타나고 있는 이유와 그 대응 방법으로 3층연금의 중요성에 대해 이야기했습니다. 국민연금은 소득이 있으면 자동으로 가입되고, 운용 및 관리는 국민연금공단에서 대신 해줍니다. 또 주택연금은 연금이라고는 하지만 살고 있는 주택을 주택금융공사에 담보로 맡기고 노후 생활비를 대출받는 형식입니다. 따라서 두 연금 모두 자신에게 유리한 방법을 현명하게 선택하면 됩니다.

　그에 비해 퇴직연금과 개인연금은 가입부터 자산운용에 이르기까지 가입자가 평소에도 관심을 갖고 결정을 내려야 할 요소가 훨씬 많습니다. 개인연금은 자산운용 방법에서는 퇴직연금과 큰 차이가 없기 때문에, 여기에서는 퇴직연금에 대해서만 집중적으로 설명하겠습니다.

퇴직연금제도의 도입

우선 퇴직연금과 관련된 용어를 바르게 이해할 필요가 있습니다. 많은 직장인이 자신의 직장에서 퇴직금을 선택했는지 퇴직연금을 선택했는지, 퇴직연금이라면 DB형인지 DC형인지 등을 모르고 있기 때문입니다.

우선, 근로자퇴직급여보장법(근퇴법)에 나오는 퇴직급여의 개념부터 설명하겠습니다. 법적으로 근로자가 1년 이상 근무하고 회사를 퇴직할 때 회사는 근로자에게 계속근로 기간 1년에 대해 30일분 이상의 평균임금을 의무적으로 지급해야 합니다. 이렇게 지급되는 돈이 바로 직장인들이 노후 자금으로 가장 많이 의존하는 퇴직급여입니다. 그런데 이걸 국가가 법으로 정하고 있는 나라는 주요국 중에서 우리나라밖에 없는 것 같습니다. 다른 나라들은 복지 차원에서 회사 규정으로 정한다고 합니다. 일본만 해도 법적으로 퇴직급여제도를 규정하고 있지 않습니다. 대부분 근로계약서를 작성할 때 금액을 정한다고 합니다. 법적인 강제성은 없는 겁니다.

우리나라는 1962년에 이 내용을 근로기준법에 도입했습니다. 도입 당시에는 30인 이상 기업에만 한정했고, 2010년 12월부터는 모든 사업장에 의무 적용했습니다. 도입 당시에는 퇴직금 규정이었는데 2005년 12월에 퇴직연금제도 도입과 함께 근퇴법이 제정되면서 이 규정이 그쪽으로 이전됐습니다. 퇴직금 딱 하나만 있을 때는 근로기준법 조항으로 규정해도 충분했지만, 내용이 복잡한 퇴직연금제도가 도입되면서 근퇴법이라는 법을 따로 만들어 그 안에 모아놓게 된 것입니다. 즉, 예전의 퇴직금제도가 퇴직급여제도로 바뀐 것입니다.

퇴직연금의 세 가지 형태: DB형, DC형, IRP

퇴직급여는 퇴직금과 퇴직연금으로 나눕니다. 그리고 퇴직연금의 형태에는 DB형, DC형, IRP가 있습니다. DB는 'Defined Benefit'의 약자로, 확정급여형 퇴직연금제도라고도 합니다. DB형은 회사에서 책임지고 적립금을 운용해주는 제도로, 근로자는 운용 및 관리에 신경 쓸 필요가 없습니다. 애초에 정해진 금액을 받게 되며, 운용의 손익은 모두 회사 몫이기 때문입니다. DC는 'Defined Contribution'의 약자로, 확정기여형 퇴직연금제도라고도 합니다. 회사에서 적립해준 자금을 근로자 자신이 운용해야 하고, 운용 결과에 따라 수령하는 금액이 달라집니다. 같은 회사에 같은 시기에 입사했다고 하더라도 수령액이 배 이상 차이 날 수도 있습니다. IRP는 'Individual Retirement Pension'의 약자로, 개인형 퇴직연금이라고도 합니다. 좀 더 넓은 의미의 DC형을 뜻한다고도 할 수 있습니다. IRP는 직장에서 적립해주는 퇴직급여 이외에 개인이 더 많은 노후 자금 마련과 세제 혜택을 목적으로 퇴직연금을 추가 적립하거나, 퇴직할 때 받는 퇴직급여(퇴직금 또는 퇴직연금)를 넣어놓고 연금 형태로 받기 위해 사용하는 계좌입니다.

퇴직연금은 중요한 노후 자금 마련 수단으로 자리 잡아가고 있습니다. 빠르게 커져 가는 퇴직연금 적립금 규모가 이를 잘 보여줍니다. 2020년 말 기준 퇴직연금 적립금 규모는 255.5조 원(DB형 153.9조 원, DC형 67.2조 원, IRP 34.4조 원)에 달하고, 2030년에는 444조 원 규모(DB형 196조 원, DC형+IRP 248조 원)로 늘어날 것으로 전망됩니다. 퇴직연금 유형별로는 2020년의 63(DC):37(DC+IRP)에서 2030년에는 44(DB):56(DC+IRP)으로 바뀔 것으로 전망되고요.

이런 변화는 기존에 DB형만을 도입했던 기업이 DC형으로 전환하거나, 퇴직연금제도를 새로 도입하는 기업이 대부분 DC형으로 도입하기 때문입니다. 또한 광의의 DC형이라고 할 수 있는 IRP의 비중도 늘어나고 있습니다. 퇴직연금은 2020년 말 현재 적립금 규모 781조 원인 국민연금과 비교해도 손색이 없는 규모로, 국민연금과 더불어 중요한 노후 자금 마련 수단으로 자리 잡아가고 있습니다.

퇴직연금의 수익률

그동안은 퇴직연금의 수익률이 연 1~2% 수준에 머물러 있어서 비판의 대상이 되어왔는데 최근 들어서는 많은 변화가 나타나고 있습니다. DB형은 적립금의 운용 성과와 상관없이 회사가 책임지고 정해진 금액을 지급하기 때문에 가입자(근로자) 입장에서는 적립금 운용 성과에 신경을 쓸 필요가 없습니다. 그러나 DC형은 가입자(근로자)가 신경을 써서 운용을 잘하면 고수익을 낼 수 있지만, 잘못되면 원금 손실 가능성도 있습니다. DC형 퇴직연금에 들어가 있는 상품의 운용수익률 평균치를 보면, 2019년에 원리금보장형 상품은 1.94%, 실적배당형 상품(펀드)

은 7.63%였습니다. 이 수치가 2020년에는 원리금보장형 상품 1.69%, 실적배당형 상품(펀드) 13.24%로 바뀌었습니다. 실적배당형 상품처럼 공격적인 투자상품의 수익률이 눈에 띄게 높아진 것입니다.

문제는 DC형 퇴직연금 적립금의 80% 이상이 원리금보장형 상품에 들어가 있다는 겁니다. 실적배당형, 즉 투자형 상품의 수익률이 아무리 높아도 편입을 하지 않으니, DC형 퇴직연금의 수익률이 높아질 수가 없는 것입니다. 가장 큰 이유는 가입자(근로자)들의 무관심입니다. 2018년 금융투자협회에서 실시한 퇴직연금 가입자 실태 조사에 따르면 가입자 10명 중 3명은 가입 상품 내용도 잘 모른다고 합니다.

다행인 것은 2020년 이후 주식 투자에 대한 관심이 크게 높아지면서 동원할 수 있는 목돈인 DC형 퇴직연금을 주식형 펀드나 ETF Exchange-Traded Fund(상장지수펀드) 등으로 운용하려는 가입자가 늘어났다는 것입니다. 2020년 한 해 동안 은행과 보험사의 연금 계좌에 들어 있던 자금 중 총 1조 1,400억 원 정도가 적극적으로 운용해주는 증권사로 옮겨갔습니다. 2021년 1월 한 달 동안에도 2,876억 원이 증권사로 이관됐습니다. 은행과 보험사 연금 계좌의 돈이 리츠, ETF 등 좀더 공격적인 투자가 가능한 증권사의 계좌로 옮겨가는 머니무브money move 현상은 2021년에도 계속되고

오십부터는 노후 걱정 없이 살아야 한다

있습니다. 즉, 가입자들이 관심을 갖고 적극적으로 자금을 운용하기 시작했다는 것인데, 이는 정말 반가운 일입니다.

다만 지난 몇 개월처럼 주식시장이 상승을 보인 국면에서는 높은 수익률을 올릴 수 있었지만, 주가가 급락하기라도 한다면 그 반대 현상이 나타날 수도 있습니다. 단기 시황만 보고 움직였다가 손실을 보는 경우가 많아질 수도 있다는 얘기입니다. 참고로 2018년 DC형 퇴직연금의 수익률을 보면, 원리금보장형 상품은 1.72%였는데, 실적배당형 상품은 -5.52%였습니다. 퇴직연금 자금은 10~30년 장기 적립식 펀드 투자를 해야 하는 자금입니다. 1~2년의 단기 실적에 일희일비하지 않고, 장기·분산 투자의 원칙을 지키면서 수익률을 높여가야 할 것입니다.

제6장: 재테크보다 더 중요한 3층연금

DC형 퇴직연금,
선진국은 어떻게 운용할까?

직장인들은 가입자(근로자)가 운용을 책임지는 DC형 퇴직연금에 관심을 가져야 합니다. 젊은 시절부터 월 몇십만 원씩 적립식으로 모아가면 몇억 원, 몇십억 원의 노후 자금을 마련하는 것도 가능하기 때문입니다. 허황한 이야기처럼 들리겠지만 다른 나라들의 사례를 보면 그렇지도 않습니다. 그 대표적인 사례로 미국과 일본의 직장인들이 DC형 연금을 통해 어떻게 노후 자금을 모아가는지를 소개하고자 합니다. 아울러 우리도 그렇게 하려면 개인은, 기업은, 금융회사는, 또 정책 당국은 어떤 노력을 해야 하는가를 이야기하고자 합니다.

노후를 대비하는 장기 투자상품이라는 인식이 확고한 미국

미국도 처음부터 DC형 퇴직연금이 주류는 아니었습니다. 1980년대 말에는 적립금 기준으로 DB형이 70%, DC형이 30%로 DB형이 압도적인 비중을 차지했습니다. 그러나 현재는 DB형이 36%, DC형이 64%입니다. 우리나라는 현재 DB형이 63%, IRP를 합친 광의의 DC형이 37%입니다. 다만 현재 가입자 수로는 DC형이 훨씬 많고 더 빠르게 증가하고 있어서 2030년에는 DB형이 44%, 광의의 DC형이 56% 정도를 차지할 것으로 전망됩니다.

미국 직장인들은 DC형 퇴직연금자산의 67%를 주식 또는 주식형 펀드로 운용하고 있습니다. 연령대별로 보면 60대는 55%, 20대는 80%를 주식 또는 주식형 펀드로 운용합니다. 채권형 펀드까지 포함하면 투자상품의 비율이 80%를 차지합니다. 반면 한국 DC형 퇴직연금자산의 펀드 투자 비율은 18%, 주식의 비중이 절반 이상인 주식형 펀드의 비율은 10% 미만에 불과합니다.

이렇게 차이가 나게 된 주요한 원인은 퇴직연금에 대한 인식이 다르기 때문입니다. 미국에서는 노후를 대비하는 장기적 자산운용은, 단기적인 가격 하락 리스크가 있더라도 장기적으로는 예금 금리보다 높은 운용수익률을 기대할 수 있는 주식이나 주식형 펀드로 운용해야 한다는 인식이 정착되어 있습니다. 결정적으로는 DC형 퇴직연금에 대한 주인의식의 차이라고 볼 수 있겠습니다.

한국의 직장인들 중 입사 전에 입사 예정인 회사의 퇴직연금 제도가 어떻게 되어 있는지를 알아보거나, 입사 결정을 할 때 퇴직연금제도를 고려 사항 중의 하나로 생각하는 사람은 거의 제로에 가깝습니다. 심지어 퇴직할 때까지도 자신의 퇴직급여가 퇴직금인지, DB형 퇴직연금인지, DC형 퇴직연금인지를 모르는 직장인들도 있습니다. 반면에 미국에서는 '401(k)'로 대표되는 DC형 퇴직연금을 직장을 선택할 때 반드시 챙겨야 할 복지의 하나로 생각하는 사람이 많습니다. DC형 퇴직연금제도를 갖추지 않은 직장은 그만큼 매력이 덜한 겁니다.

그렇다면 우리나라 직장인과 미국 직장인의 DC형 퇴직연금에 대한 인식의 차이는 왜 생기게 된 걸까요? 우리나라에서는 퇴직금이 퇴직연금으로 전환된 지 시간이 어느 정도 흘렀지만, 여전히 월급과 마찬가지로 자동으로 지급되는 것이라는 생각이 지배적입니다. 퇴직연금을 추가로 적립할 때도 주로 세액공제

오십부터는 노후 걱정 없이 살아야 한다

혜택만 생각해서 결정하는 경우가 많아 그 동기가 수동적이라고도 할 수 있습니다. 퇴직연금이 자신의 노후에 얼마나 큰 영향을 주는가에 대한 이해가 크지 않다는 것입니다.

미국에서는 급여의 10% 이내에서 퇴직연금에 얼마나 가입할 것인가를 직장인(근로자) 스스로 결정합니다. 연간 불입한도가 1만 9,000달러(50세 이상은 여기에 추가 한도 6,000달러)인데, 회사는 종업원이 불입하는 금액의 50~100%까지 추가로 적립해주는 제도를 운영하는 경우가 많습니다. 퇴직연금 매칭제도입니다. 미국 직장인들에게는 DC형 퇴직연금을 자신의 책임하에 잘 운용해야 중산층으로 진입하여 충분한 노후 자금을 마련할 수 있다는 인식이 정착되어 있습니다. 제도적으로, 본인의 노후를 위해서 적극적으로 대응할 수밖에 없는 것입니다.

펀드 투자를 시작하는 계기가 되어주는 DC형 퇴직연금

이렇게 적극적으로 DC형 퇴직연금을 공부하고 운용하면 어떻게 될까요? 풍요로운 노후를 보낼 확률이 훨씬 높아집니다. 미국의 대형 자산운용사인 피델리티에서 낸 보고서에 따르면,

2020년 9월 말 기준 미국에서 100만 달러(약 11억 원) 이상의 퇴직 연금 계좌를 보유한 가입자 수는 26만 2,000명으로, 전년 대비 17%나 증가했습니다. 주식이나 펀드에 투자할 때 왜 투자하는가에 대한 한국과 미국 간 인식의 차이도 여기에서 비롯되는 측면이 크다고 할 수 있습니다. 한국이나 일본 투자자들에게 왜 투자를 하느냐고 물어보면 대부분은 '돈을 벌기 위해서'라고 대답합니다. 그러나 같은 질문을 미국 투자자들에게 하면 '노후 대비를 위해서'라는 대답이 더 많습니다. 50~60대처럼 은퇴를 목전에 둔 투자자들뿐만 아니라 20~30대 투자자들도 이런 대답을 한다는 겁니다.

미국에서는 DC형 퇴직연금을 통해 펀드 투자를 시작하는 경우가 대부분입니다. 미국의 펀드 보유자 중 63%가 DC형 펀드를 통해 처음으로 펀드 투자를 시작했다는 조사 결과도 있습니다. 그렇다면, 우리나라 투자자들과 미국 투자자들의 투자 행태에 어떤 차이가 있을까요? 앞에서 소개했습니다만 미국의 투자자들은 금융자산을 세 개의 주머니(저축 주머니 + 트레이딩 주머니 + 자산 형성 주머니)에 나누어 관리하는데, 그중 자산 형성 주머니(투자 주머니)를 가장 중요하게 생각합니다. 20~30대부터 노후 대비목적으로 투자를 하려면 자산 형성 주머니에 넣어 장기, 적립식, 분산 투자를 할 수밖에 없습니다(한국은 트레이딩 주머니가 대부분입니다. 단기적으로 반짝 수익을 얻으려는 투기적 목적이 더 강한 겁니다). 미국에서 이런 투자 행태가 자리 잡을 수 있었던 것은 100년의 역사를 가진 금융·투자교육이 뒷받침되어 있기 때문입니다.

미국의 DC형 퇴직연금과 펀드시장이 크게 발전할 수 있었던 중요한 원동력은 가정, 학교, 기업, 사회단체 등의 교육을 통해 미국인들에게 형성된 투자 지식과 책임의식입니다. 미국에서는 '금융·투자교육은 풍요로운 인생을 보내는 데 필요불가결한 것'이라는 인식이 확립되어 있습니다. 기본적으로 가정과 학교에서 금융·투자교육이 이뤄지고, 여기에 기업 교육이나 NPO(민간비영리조직) 교육기관에서의 교육이 추가됩니다.

금융·투자교육을 강화하는 일본

일본도 미국·영국 등에 비해 뒤떨어진 금융·투자 지식수준을 높이기 위해 관민합동으로 노력하고 있습니다. 경제 규모에 맞게 금융 문맹국에서 탈피하기 위해 노력하고 있는 것입니다. 일본의 정책 당국과 민간은 어떤 노력을 하고 있을까요?

게이오대학의 시마다 교수는 "지금 일본인에게는 리스크를 이해하고 받아들이는 DNA가 사라져버렸다"라고 말했습니다.

2020년 말 현재 일본의 가계 금융자산에서 차지하는 현금·예금 비율이 52%인데 이는 한국의 43%, 미국의 13%보다 훨씬 높은 수치입니다. 리스크를 감수하고 자산을 증식하려는 것보다 현재의 자산을 지키려는 성향이 매우 강하다고 볼 수 있습니다.

이런 현상에서 벗어나기 위해 일본은 1990년대부터 '저축에서 투자로', '저축에서 자산 형성으로'라는 슬로건을 내걸고 학교, 정책 당국, NPO(투자교육, DC형 퇴직연금 교육 단체) 등이 협력하여 금융·투자교육을 강화하고 있습니다. 특히 2001년에 DC형 퇴직연금이 도입된 이후부터는 근로자에 대한 기업의 금융·투자교육이 활발해지고 있습니다. DC형 퇴직연금 교육은 초기의 가입자 교육과 이후 지속적으로 이뤄지는 계속교육을 모두 포함합니다. 가입자 교육은 100% 실시하고 있고, 연 1회 이상의 계속교육은 2017년 기준 74% 정도 실시하고 있습니다. 이 중 종업원 1,000명 이상의 기업은 82% 정도의 실시율을 보였습니다.

그렇다면 어떤 내용을 가르칠까요? 교육의 내용은 생애설계와 DC형 연금, 펀드 투자 요령, 돈 문제에 대한 올바른 지식 등입니다. 이런 교육에 대해서 회사의 경영층은 DC형 퇴직연금은 본래 기업이 져야 할 연금자산 운용 리스크를 근로자에게 전가하는 제도이기 때문에 교육이 기업의 의무라고 인식하고 있습니다. 또한 근로자들이 노후에 대한 심리적 안정감을 가질수록

오십부터는 노후 걱정 없이 살아야 한다

생산성이 향상될 수 있다고 생각합니다.

사측뿐만 아니라 노조에서도 조합원에게 생애설계와 자산
관리 교육을 열심히 하고 있는 사례도 자주 찾아볼 수 있습니다.
일본에 세이코 엡손이라는 프린터 만드는 회사가 있습니다. 노
동조합 회원만 해도 1만 2,000명에 달하는 거대 기업입니다. 이
회사 노조에서는 이미 1990년대 중반부터 조합 근로자에게 복
지의 하나로 '생애설계와 자산관리 교육'을 실시해왔습니다. 그
전까지는 노조의 역할이 임금 인상 투쟁, 노동 환경 개선을 위
한 투쟁, 파업 중심이었는데 이제 복지 중심으로 바뀌었습니다.
자산관리 교육을 통해 불필요한 가계지출을 줄이고 자산운용의
효율을 높이는 것이 임금 5% 인상과 효과가 같다는 인식이 자리
잡은 겁니다.

우리나라의 기업과 노동조합이 금융·투자교육에서 차지하
는 비중은 거의 제로에 가깝습니다. 이를 확대할 필요가 있습니
다. 미국과 일본의 사례를 참고하여 우리나라의 정책 당국, 교육
계, 직장인, 기업, 노동조합, 사회단체 등도 각자의 위치와 역할
에서 이런 교육을 하도록 노력해야 합니다. 이 외에도 금융·투자
교육에서 NPO의 역할이 갈수록 중요해질 것입니다. 가정이나
학교에서도 기초적인 금융투자 지식을 가르치고 자립교육을 해
야 합니다.

DC형 퇴직연금으로
백만장자의 꿈에 도전하자

앞서 소개했듯이, 미국에서 100만 달러(11.2억 원) 이상의 퇴직연금 계좌를 보유한 가입자 수가 26만 명을 넘어섰습니다. 퇴직연금 백만장자의 꿈을 이루고 있는 직장인들이 늘고 있다는 뜻입니다. 우리나라 직장인들에게는 불가능한 꿈일까요? 그렇지 않습니다. 더 관심을 갖고 적극적으로 운용한다면 얼마든지 이룰 수 있는 꿈입니다.

연봉 6,000만 원을 받는 근로자가 DC형 퇴직연금에 가입하고, 매년 500만 원씩(1개월분 급여) 30년간 불입한다고 가정해봅시다. 운용수익률이 연 1%일 경우 30년 후 퇴직연금 수령액은 1억 7,730만 원입니다. 그런데 연 4%의 수익률로 운용하면 3억 4,935만 원입니다. 출발점이 같더라도 복리의 마법으로 인해 수령 액수에서 2배나 차이가 나는 겁니다. 여기에 급여 인상분과 IRP 추가 납입, 세제 혜택 등을 고려하면 퇴직연금 백만장자의 꿈은 결코 꿈으로 끝나지 않을 것입니다. 게다가 국민연금, 개인연금, 주택연금까지 더하면 풍족한 노후 생활을 기대할 수 있습니다. 관건은 조금이라도 일찍 시작하고, 관심을 갖고 적극적으로 운용하는 것입니다.

DC형 퇴직연금의 운용수익률을 높이려면 연금자산을 원리금보장형이 아니고 투자형 상품으로 운용해야 합니다. 그런데 많은 퇴직연금 가입자가 투자형 상품에 넣었다가 손실을 보지 않을까 두려워합니다. 사실 이런 두려움에는 근거가 있습니다. 앞에서 잠깐 언급했듯이 투자형 상품의 연간 수익률은 2019년 7.6%였고, 2020년에는 13.2%를 기록했습니다. 여기까지만 보면 투자형 상품에 투자하지 않을 이유가 없어 보입니다. 그러나 2018년에는 -5.5%였습니다. 과거에 손실을 본 경험을 했던 사람들은 투자형 상품으로 운용하는 것이 꺼려질 수도 있는 겁니다.

따라서 DC형 퇴직연금자산을 성공적으로 운용하기 위해서는 다음 세 가지를 명심해야 합니다.

첫째, DC형 퇴직연금자산 운용은 10~30년 장기로 적립식 펀드 투자를 하는 것이다.

둘째, 단기적인 가격 하락 리스크가 있더라도 장기적으로는 예금 금리보다 높은 운용수익률을 기대할 수 있는 주식이나 주식형 펀드로 운용해야 한다.

셋째, 이런 장기 운용이 가능한 건 바로 DC형 퇴직연금이다.

한마디로, 단기적인 가격 변동에 일희일비하지 않고 장기·분산 투자를 해야 한다는 겁니다.

퇴직연금자산의 운용 원칙

앞에서부터 해온 이야기를 요약하면 다음과 같습니다. DC형 퇴직연금에 관심을 갖고, 먼저 적립식 투자를 해서 목돈을 만든 다음, 어느 정도 목돈이 마련되면 포트폴리오를 짜서 분산 운용해야 한다는 겁니다. 포트폴리오는 나이, 재산 상태, 가족 상황, 자신의 투자 성향, 운용 목표 및 기간 등 자신의 상황과 형편에 맞게 짜면 됩니다. 그런데 자신의 상황과 형편을 어떻게 계량화해서 비율을 정할 수 있을까요?

제대로 된 금융회사에 가면 이런 요소들을 내용에 녹인 설문지를 줍니다. 그 설문지에 하나하나 응답해가면 자신의 성향을 토대로 어떻게 포트폴리오를 구성할지 알려줍니다. 예를 들어 20~30대의 어떤 사람이 안정적인 수입원도 있고 손실을 감수할 의향도 있으면, 공격적인 주식형 펀드의 비율은 70~80%로 하고 나머지를 채권형 펀드·CMA 등에 넣으라고 조언해줄 것입니다.

이런 과정이 귀찮으면 앞에서 언급한 대로 나이만을 기준으로 짤 수도 있습니다. 100에서 자신의 나이를 뺀 비율만큼을 공격적인 상품에, 나머지는 안정적인 상품에 넣는 겁니다. 예를 들어 50대의 연금 가입자라면 100에서 50을 뺀 50%를 공격적인 주식형 펀드에 넣고, 나머지는 채권형 펀드·CMA·예금 등 안정된 상품에 넣는 겁니다. 다만, 아직 우리나라의 DC형 퇴직연금은 제도적으로는 주식형 펀드, ETF 등에만 투자할 수 있고 개별 종목에는 투자할 수 없도록 되어 있다는 점을 알아두어야 합니다.

2020년 동학개미 투자 운동이 시작된 이후 많은 투자자가 주식형 펀드는 수익률이 낮다고 하면서 개별 주식에 직접 투자하는 경향이 커진 건 사실입니다. 정책 당국이 연금자산에 대해 주식 개별 종목의 직접 투자를 금지하고 펀드상품만 가능하도록 규세하는 것은, 연금자산의 안정적인 운용을 중시하기 때문이라고 생각합니다. 또한 전업 투자자가 아닌 본업을 가진 투자자가 주식 개별 종목에 직접 투자하는 게 바람직한 건지도 생각해 봐야 합니다. 개별 기업을 제대로 공부하고 분석하려면 시간과 노력이 상당히 소요되는데, 이런 일을 본업과 병행하기가 힘들 수도 있기 때문입니다.

전설의 마젤란펀드 투자자가 손실을 본 이유

어쨌든 현재 상황에서 DC형 연금자산 운용수익률을 높이기 위해서는 우량 펀드를 고르는 노력이 필요합니다. 또 우량 펀드를 골랐더라도 운용 원칙을 지키지 않으면 성공한다는 보장이 없습니다. 운용 실적이 좋은 펀드만 고르면 되지 않느냐고 생각할 수도 있는데요. 반드시 그렇지는 않습니다. 예를 하나 들어보겠습니다.

　미국 대형 자산운용사 피델리티가 판매했던 상품 중 마젤란 펀드라는 유명한 펀드가 있습니다. 전설적인 펀드매니저 피터 린치가 운용했던 펀드입니다. 1977~1990년 13년간 누적 수익률이 무려 2,700%(연평균 수익률 29%)를 기록한, 놀라운 펀드입니다. 그런데 이 펀드에 투자했던 모든 사람이 이익을 본 것은 아닙니다. 오히려 절반 이상은 손해를 봤습니다. 호황일 때 샀다가 가격이 하락하면 부화뇌동하면서 팔아버렸기 때문입니다. 우직하게 장기·분산 투자의 원칙을 지켜야 하는 이유를 이 사례에서 찾아볼 수 있습니다.

그래도 일단 우량 펀드를 골라야 할 텐데 어떻게 골라야 할까요? 제5장에서 소개한 우량 펀드 고르는 요령을 참고하시기 바랍니다.

그렇다면 공격적인 상품과 안정적인 상품의 배분비율을 정하여(포트폴리오를 짜서) 그 비율대로 우량 펀드를 골라 투자하기만 하면, 무조건 성공할 수 있을까요? 그렇지 않습니다. 정기적으로 포트폴리오를 점검해야 합니다. 포트폴리오 점검은 제5장의 '목돈이 되면 포트폴리오를 짜서 분산하자'를 참고하시기 바랍니다.

포트폴리오의 배분을 자동으로 해주는 상품도 있습니다. TDF^{Target Date Fund}(타깃 데이트 펀드)라는 펀드인데, 연금 가입자의 예상 은퇴 시점을 목표 시점^{Target Date}으로 삼아서 변동성이 큰 국내외 자산과 안전자산의 편입 비율을 알아서 조정해주는 상품입니다(뒤에서 자세히 다룹니다). 상당히 편리해서 최근 TDF 가입자가 급격하게 늘고 있습니다. 다만, TDF 또한 만능은 아니라는 것을 명심해야 합니다. TDF 운용사의 운용 능력, 수수료 체계 등이 다 다르기 때문입니다. TDF 활용 요령에 대해서는 뒤에서 다시 한번 소개하겠습니다.

　가능하면 지금까지 말씀드린 작업을 직접 수행하면서 펀드 투자에 대한 공부를 하여 다른 여유 자금을 운용하는 데 활용하기를 권합니다.

IRP 계좌
알뜰히 활용하는 법

퇴직연금 유형 중의 하나인 개인형 퇴직연금 IRP 활용법을 소개하겠습니다. IRP는 연말정산 때 세액공제 혜택을 받기 위해 가입하는 사람들이 많기 때문에 비교적 익숙한 상품일 것으로 생각합니다. 그런데 한 가지 꼭 유념해야 할 것은 개인형 퇴직연금 IRP는 그 자체가 금융상품이 아니고 금융상품을 넣어 운용하는 계좌라는 것입니다. 따라서 IRP 계좌에 넣어 운용하는 금융상품을 잘 골라야 합니다.

제6장: 재테크보다 더 중요한 3층연금

각종 혜택과 함께 증가하는 IRP 가입자 수

IRP 계좌는 현재 가입자 수와 적립금 모두 늘고 있습니다. 2020년 말 현재 IRP 적립금 총액은 34.4조 원으로, 전체 퇴직연금 적립금 255.5조 원의 13.5%에 달합니다. 지난 2년 동안 퇴직연금 적립금 총액은 14~15% 정도 증가했는데 IRP 계좌 적립금은 29~30%씩 증가했습니다. 그만큼 관심이 쏠리고 있다는 증거입니다.

IRP 계좌 가입자 수와 적립금 총액이 늘어난 데에는 여러 가지 이유가 있습니다. 첫째는 가입 대상이 확대됐기 때문입니다. 이전에는 DC형 퇴직연금 가입자만 가입할 수 있었지만, 2017년 7월부터는 퇴직연금에 가입되어 있지 않은 근로자, 자영업자, 공무원, 교직원, 군인 등 경제활동을 하는 사람(소득이 있는 사람)이면 모두 가능하도록 바뀌었습니다. 어떻게 보면 전 국민이 IRP 계좌에 가입할 수 있는 시대가 열렸다고도 할 수 있습니다.

둘째는 퇴직급여 수령 용도로 퇴직급여를 IRP 계좌에 넣어두는 사례가 늘고 있기 때문입니다.

셋째는 아마 가장 큰 이유일지도 모른다는 생각이 드는데, 바로 세제 혜택입니다. 연금저축과 IRP 저축을 합쳐 연간 700만 원까지 총급여액 5,500만 원 이하이면 16.5%(최대 115만 5,000원),

오십부터는 노후 걱정 없이 살아야 한다

총급여액 5,500만 원을 초과하면 13.2%(최대 92만 4,000원)의 세액공제 혜택을 받습니다. 정기예금 금리가 1%를 간신히 넘는 시대에 연 13.2% 또는 16.5% 수익을 확실하게 보장해주는 금융상품인 겁니다.

정부가 세수를 늘리기 위해 다른 분야에서는 혜택 폭을 많이 축소해온 것으로 알고 있는데 IRP 관련 세제 혜택 대상을 파격적으로 확대한 이유가 궁금한 사람들도 있을 겁니다. 종전에 IRP에 가입할 수 없었던 퇴직연금 비가입자, 공무원, 교직원, 군인들의 불만이 많았습니다. 구체적으로 예를 들자면 연말정산에서 세금 환급은커녕 추가 납입을 한 사람, 공무원연금법 개정으로 예상 연금 수령액이 줄어든 공무원, 연소득이 1억 원을 넘어서면서 절세와 노후 준비를 위해 IRP를 활용하고 싶어 하는 자영업자 등입니다. 이런 이유 외에도 100세 시대를 맞아 개인들이 자신의 노후 자금을 준비하지 않으면 정부의 복지비 부담이 커지기 때문이기도 합니다. 옛날처럼 자녀가 부모를 부양하는 것도 점점 어려워지고 있지 않습니까. 파격적인 세제 혜택을 주더라도 노후 자금을 스스로 마련하도록 유도하기 위한 정책인 겁니다.

2020년부터는 퇴직을 앞두고 있는 만 50세 이상 장년층에는 세액공제 한도를 연금저축과 IRP를 합쳐 연간 700만 원에서

900만 원으로 확대하는 정책이 시행되고 있습니다. 2022년까지 3년간 한시적으로 시행되고 총급여 1억 2,000만 원(종합소득금액 1억 원) 초과일 경우에는 제외되는 정책이긴 하지만, 정부가 국민의 노후 준비 문제를 얼마나 심각하게 보고 있는가를 알 수 있습니다.

그런데 많은 분이 세액공제 혜택 하나에만 신경 쓸 뿐, IRP제도를 제대로 이해하고 적극적으로 활용하고 있는지에 대해서는 의문이 간다고 얘기하는 사람도 많습니다. 저 자신부터도 몇 년 전부터 세제 혜택을 받을 욕심으로, 연말이 되면 은행 계좌에 약간의 현금이라도 남아 있을 경우 무조건 IRP 계좌에 넣어두고 그 후에는 방치했습니다. 최근 들어서야 그동안 IRP에 관심을 갖지 않고, 공부를 안 했다는 걸 반성하게 됐습니다.

IRP 계좌, 이렇게 활용하자

저처럼 가입만 해두고 적극적으로 활용하지 않았던 사람이 많으리라 생각합니다. 그래서 IRP 활용법을 좀더 자세히 소개하고자 합니다. 우선 IRP, 개인형 퇴직연금을 잘 활용하려면 가장 먼저 이 상품이 생겨난 배경과 용도를 제대로 알아야 합니다. IRP

오십부터는 노후 걱정 없이 살아야 한다

의 용도는 크게 두 가지입니다. 퇴직급여를 수령하는 용도와 세제 혜택을 받으며 추가로 노후 자금을 마련하는 용도입니다.

추가 적립 용도부터 이야기하겠습니다. IRP를 활용하는 이유는 국민연금과 직장에서 가입한 퇴직연금만으로는 노후에 풍족하게 생활하기에는 모자라기 때문입니다. 2020년 말 현재 65세 이상 고령자 중 국민연금을 받는 사람은 54%에 불과합니다. 또 퇴직연금의 1인당 평균 적립액은 4,000만 원 정도밖에 안 됩니다. 한꺼번에 수령한다고 해도 1년 생활비 정도인 것입니다. 의무적으로 가입하고 적립해야 하는 국민연금, 퇴직연금 외에도 이렇게 모자라는 부분을 평소에 직장인 각자가 스스로 적립해서 마련토록 유도하는 것이 IRP제도입니다. 정부는 개인들의 노후 자금 마련을 장려하기 위해 IRP에 파격적인 세제 혜택을 부여했는데요. 그 세제 혜택의 구체적인 내용은 이미 앞에서 소개했습니다. 지금과 같은 초저금리·고령화 시대에는 노후 대비 금융상품을 고를 때 가장 중시해야 할 것이 세제 혜택입니다. 정부가 세제 혜택을 주기 위해 가입 한도를 정해놓은 금융상품 중에는 유익한 상품이 많으므로 가장 우선하여 가입할 필요가 있습니다.

다음은 IRP를 퇴직급여 수령 용도로 사용하는 경우입니다. 퇴직금을 받는 직장인은 회사로부터 그 퇴직금을 금융회사의 일반 계좌로 받을 것인지, IRP 계좌로 받을 것인지를 선택하라는 연락을 받습니다. 일반 계좌로 받는 퇴직금은 각자 자유롭게 인출해 쓸 수 있고, IRP 계좌로 들어온 퇴직금은 장기간에 걸쳐 연금으로 나누어 인출해야 합니다. 또한 퇴직연금(DB형이든 DC형이든)을 받게 되는 직장인은 55세 미만이면 무조건 IRP 계좌로 받아야 하고, 55세가 넘은 직장인은 IRP와 일반 계좌 중에서 선택하여 받을 수 있습니다. 요약하자면, 퇴직연금에 가입해 있는 직장인뿐 아니라 종전과 같이 퇴직금을 받는 직장인도 그 퇴직금을 IRP 계좌에 넣어놓고 연금 형태로 나누어 인출할 수 있다는 것입니다.

그럼 퇴직금이든 퇴직연금이든, IRP 계좌에 넣어놓고 연금으로 나누어 받으면 어떤 혜택이 있을까요? IRP 계좌에 넣으면 소득세를 징수하지 않은 상태로 입금됩니다. 이 돈을 55세 이후 10년 이상의 기간에 걸쳐 연금으로 나누어 받으면 10년 동안의 액수에 대해서는 퇴직소득세 30%를 깎아주고, 11년 차부터는 40%를 깎아줍니다. 이 외에도 IRP 계좌에 들어 있는 자금을 정기예금·채권·펀드 등에 넣어 운용할 수 있으며, 여기에서 생긴 운용수익(이자, 배당금 등)은 원금이 모두 인출된 후 가장 마지막에 인출되는데, 그때 세율이 매우 낮게 적용되는 혜택이 있습니다 (3.3~5.5%).

IRP는 노후 자금을 쌓아가는 데는 물론 퇴직 후 그동안 모아온 노후 자금이 단기적으로 소비자금화되지 않고 진정한 노후 자금이 될 수 있도록 하기 위해 마련된 제도입니다. 지금과 같은 저금리·고령화 시대에 금융상품을 고를 때 가장 먼저 고려해야 할 것은 세제 혜택을 주는 금융상품이냐 아니냐인데, IRP는 바로 세금우대 금융상품에 해당합니다.

IRP 계좌 가입 시 유의할 점

IRP 계좌에 가입할 때 유의할 점은 없을까요? 당연히 있습니다.

앞에서 IRP 계좌의 두 가지 용도를 이야기했습니다. 퇴직급여를 수령하는 용도인 경우에는 나중에 일시금으로 인출할지 10년 이상 연금으로 나누어 받을지에 대해서만 고민하면 되지만, 세제 혜택을 받기 위해 추가로 가입한 경우에는 특히 조심해야 합니다.

IRP의 가장 큰 매력은 세제 혜택입니다. 세제 혜택 한도액인 700만 원을 가입하면 (연소득에 따라) 92만 4,000원 또는 115만 5,000원의 세금을 깎아줍니다. IRP 계좌 자금을 운용해서 생기는 수익금에 대한 세금도 연금을 타 쓸 때까지 과세가 이연됩니

323

제6장: 재테크보다 더 중요한 3층연금

다. 단, IRP는 노후 자금 마련을 장려하기 위해 정책적으로 만든 상품이므로, 세제 혜택을 주는 대신 연금 수령 조건이 까다롭다는 점을 알아두어야 합니다. IRP 계좌 가입 후 5년 이상 경과해야 하고, 나이가 55세 이상이어야 하며, 10년 이상 기간을 정하여 연금 형태로 나누어 받아야 세제 혜택을 모두 누릴 수 있습니다.

이 세 가지 조건 중 하나라도 충족하지 못하면 어떻게 될까요? 지금까지 받은 세제 혜택을 모두 뱉어내야 합니다. IRP 계좌 자금을 운용해서 생긴 수익금의 세금 이연분까지 모두 포함됩니다. 따라서 IRP 계좌에 가입해서 5년 이상 유지하고, 55세 이후에 10년 이상의 기간에 걸쳐 연금으로 나누어 받을 자신이 없는 사람은 가입을 해서는 안 되는 겁니다. 저도 개인적으로 지난 몇 년간 매년 연말에 세액공제 혜택만 생각하고 가입을 해왔는데, 만약 그 돈이 급히 쓸 자금이었더라면 곤경에 처할 뻔했습니다.

특히 젊은 세대가 세제 혜택만 생각하고 큰 금액을 IRP 계좌에 가입할 경우에는 신중할 필요가 있습니다. 목돈을 IRP 계좌에 넣었는데 결혼, 자동차 구입, 내 집 마련 등 변수가 생기면 IRP 계좌를 해지하고 싶은 충동이나 유인이 생길 수 있습니다. IRP는 노후 대비 장기 금융상품이라는 생각으로 꾸준히 유지할 각

오십부터는 노후 걱정 없이 살아야 한다

오가 되어 있는 사람, 고소득자로 세제 혜택이 필요한 사람, 젊은 시절부터 매월 소액을 적립식으로 모아 3층연금을 쌓아가겠다는 사람에게 적합한 상품입니다.

IRP에 납입하는 방식도 알아두는 것이 좋습니다. IRP 계좌의 연간 한도는 1,800만 원인데, 그중 세제 혜택(세액공제) 한도는 700만 원입니다. 납입 방식은 자유롭게 넣는 자유납입, 매달 일정액씩 쌓는 적립식 모두 가능합니다. 물론 연말에 세액공제 한도 700만 원을 일시에 납입해도 됩니다.

IRP 계좌에 입금된 자금을 적극적으로 운용하자

다시 말씀드리지만, IRP는 어디까지나 계좌라는 점을 명심해야 합니다. 따라서 입금된 자금을 관심을 갖고 적극적으로 운용해야 하는 겁니다. 운용 대상 상품은 DC형 퇴직연금과 동일합니다. 운용 결과에 대한 책임도 DC형 퇴직연금과 마찬가지로 가입자에게 있습니다. 가입자 책임형인 셈입니다. IRP 계좌를 광의의 DC형 연금에 포함시키는 것도 이런 이유 때문입니다. IRP 계좌도 예금이나 원금보장형 상품부터 펀드, ETF, 리츠 같은 다양한 투자상품으로 포트폴리오를 짜서 운용할 수 있습니다. 다만, 공격적인 주식형 펀드로 운용할 수 있는 한도는 70%로 제한되어 있습니다.

은행, 증권, 보험사별로 운용할 수 있는 상품에 약간씩 차이가 있습니다. 은행에서는 예금, 펀드를 들 수 있습니다. 증권사에서는 예금·펀드 외에 리츠·ETF 등의 투자상품에도 투자할 수 있는데, 그중 ETF는 시스템을 갖춘 일부 증권사만 가능합니다. 보험사에서는 다양한 보험(금리연동형, 이율보증형)이나 펀드를 들 수 있습니다. 취급 상품의 종류는 금융기관 유형별, 회사별로 다르기 때문에 가입을 원하는 금융회사의 홈페이지에서 직접 확인해야 합니다.

IRP 계좌의 운용수익률을 높이려면 펀드, ETF, 리츠 같은 투자상품 중에서 우량 상품을 제공해줄 수 있고 투자에 대한 상담을 잘해줄 수 있는 금융회사와 거래해야 합니다. 현재 거래하고 있는 금융회사가 그런 서비스 면에서 만족스럽지 않다면 다른 회사로 옮기는 것도 고려해볼 만합니다. 2020년 한 해 동안 은행과 보험사에 있던 연금 계좌(DC형 퇴직연금, IRP, 연금저축)에서 총 1조 1,400억 원 규모의 자금이 대형 증권사로 이전됐습니다. 2021년 1월에도 2,888억 원이 증권사로 옮겨갔습니다. 연금 개시 전이든 후든 다른 금융기관으로 이전하는 것이 가능합니다. 이전 절차도 매우 간단합니다. 이전할 회사에만 방문하면 한 번

오십부터는 노후 걱정 없이 살아야 한다

에 처리할 수 있습니다. 다만, 주의할 점은 세제 혜택은 그대로 인데 정기예금 중도해지 이율(가입이율보다 낮음)이 적용될 수 있고, 보험계약 효력이 상실되어 환급금이 줄어들 수도 있다는 것입니다. 펀드 교체 시 중도환매 수수료가 발생할 수도 있습니다. 이런 점들은 사전에 꼭 확인해두어야 합니다.

IRP를 나중에 연금 형태로 수령하게 되면 연금소득세를 내야 할 텐데, 세율은 어떻게 될까요? 수령자의 연령대에 따라 소득세율 3.3~5.5%로 차등 적용됩니다. 구체적으로 보자면 50~60대는 5.5%, 70대는 4.4%, 80대 이상은 3.3%가 적용됩니다.

또 하나 주의할 점은 IRP는 100% 예금자보호가 되는 상품이 아니라는 것입니다. 정확히 얘기하자면, IRP 자체는 계좌이기 때문에 계좌 자체는 보호 대상이 아닙니다. 다만, IRP 계좌에 들어 있는 자금으로 운용하는 상품에 따라 보호되는 범위가 달라집니다. 만약 그 자금을 예금과 같이 예금자보호가 되는 상품으로 운용하면 그 부분은 보호가 되지만, 펀드·ETF·리츠 등과 같은 투자상품으로 운용하는 자금은 예금자보호 대상이 아닙니다.

상품 성격이 비슷해서인지 IRP와 연금저축을 혼동하는 사람이 많은데, 〈표 6-2〉를 보면 두 상품의 공통점과 차이점을 쉽게 이해할 수 있을 것입니다.

표를 보면 IRP 계좌와 연금저축은 상당 부분 동일하지만 약

표 6-2 … 연금저축 vs. IRP

구분	연금저축	IRP
가입 자격	모든 사람	소득이 있는 사람
납입 한도	두 가지 합쳐 1,800만 원	
세액공제 한도	400만 원	700만 원(연금저축과 합산하여)
세액공제율	소득수준에 따라 연간 납입액의 13.2% 또는 16.5%	
연금 수령 조건	만 55세 이상, 가입 기간 5년 이상 ※ 수령액 한도 = (연금 수령 개시일 기준)연금 계좌의 평가액/(11 - 연금 수령 연차) × 120%	만 55세 이상, 가입 기간 5년 이상 (단, 퇴직금이 있는 경우 만 55세부터 바로 수령 가능)
연금 수령 시 세금	• 연금소득세 3.3~5.5%(50~60대 5.5%, 70대 4.4%, 80대 이상 3.3%) 단, 수령 기간이 10년 미만일 경우 퇴직소득세 또는 기타소득세가 부과될 수 있음 • 현재 연금 수령액 1,200만 원 초과 시 종합과세 적용(6~45%)	
상품 운용	연금저축펀드는 실적배당형 투자 가능 연금저축보험은 원금보장, 공시이율 적용	연금저축 대비 상품 선택의 폭이 더 넓음
상품 제한	리스크 높은 자산 100%까지 투자 가능, 개별주 투자 불가	리스크 높은 자산(주식형 펀드 등)은 70%까지만 투자 가능, 개별주 투자 불가
담보대출	가능	규정상 예외적 경우에 한해 가능하지만 시행하는 사업자는 거의 없기에 현실적으로 어려움

※ 연금 수령으로 신청하지 않고 중간에 해지할 경우 기타소득세 16.5%가 과세되는 것은 동일함
※ 세액공제를 받지 않은 원금이 있다면 그 부분은 비과세됨

간 차이가 있다는 것을 알 수 있습니다. IRP는 근로자 퇴직연금 3대 유형(DB형, DC형, IRP) 중 하나이고, 연금저축은 개인이 자유

오십부터는 노후 걱정 없이 살아야 한다

롭게 신청해서 불입하는 개인연금에 속합니다. IRP 계좌는 근로자퇴직급여보장법, 연금저축은 자본시장법에 근거한 상품입니다. 가입 자격도 약간 다른데 연금저축은 모든 사람이 가입할 수 있는 반면, IRP 계좌는 소득이 있는 사람만 가입할 수 있습니다. 납입 한도는 개인당 연금저축과 IRP 계좌를 합쳐 연간 1,800만 원입니다. 세액공제 한도는 연금저축이 400만 원, IRP가 700만 원인데 둘을 합쳐서 700만 원을 넘을 수 없습니다. 연금 수령 조건은 만 55세 이상이라는 공통 조건이 있고, 그 외에는 약간 다릅니다. 연금저축은 개인연금이기 때문에 주식형 상품으로만 100% 운용해도 되지만, IRP는 주식형 상품(자산)은 전체의 70%까지만 넣을 수 있도록 규정되어 있습니다. 이런 차이점과 유의점을 염두에 두고 IRP 계좌를 활용하는 것이 노후 준비에 도움이 될 것입니다.

시간이 없으면
TDF를 활용하자

DC형 퇴직연금, IRP 그리고 연금저축 등의 연금 계좌에 넣어 운용하는 투자상품 중 하나인 TDF도 알아두면 좋은 상품입니다.

DC형 퇴직연금, IRP, 연금저축 모두 가입자 책임형 연금이죠. 가입자들이 노력하여 운용을 잘해서 노후 자금을 만들어야 하는 제도입니다. 그러나 이런 제도를 활용하는 것에 사람들은 비교적 무관심합니다. 이들 계좌에 들어 있는 돈의 80% 이상을 원리금보장형 상품으로 운용하고 있고, 그 때문에 수익률이 연 1~2% 정도에 머물고 있습니다. 수익률을 높이려면 투자상품 비중을 높여야 합니다. 그러려면 우량 펀드를 골라서 처음에는 적립식으로 목돈을 만들고, 어느 정도 목돈이 되면 포트폴리오를 짜서 분산 투자를 해야 합니다.

특히 젊을 때는 앞으로 소득이 증가할 가능성도 크고 소득을 창출할 시간도 많기 때문에 공격적인 투자상품(주식형 펀드 등)의 비중을 높게 하고, 나이가 들면 채권형 펀드·CMA 등 안정적인 상품 비중을 높여가야 합니다. 그런데 이렇게 자산배분을 할 시간이 없거나 이런 작업을 귀찮아하는 사람들의 경우에는 약간의 수수료를 내고 전문가에게 맡겨서 할 수도 있습니다. 바로 TDF입니다.

생애주기에 맞춰 자산 비중을 조절해주는 펀드

앞서 잠깐 언급했듯이, TDF는 'Target Date Fund'의 약자입니다. 'Target Date'는 목표 시점, 즉 가입자의 은퇴 시점을 겨냥한다는 뜻입니다. 가입자(투자자)의 예상 은퇴 시점을 기준으로 삼아서, 자산운용사가 주식 등의 공격적인 자산과 채권·CMA 등 안정적인 자산의 비중을 알아서 조절해주는 상품입니다. 생애주기에 걸쳐서 조절해주기 때문에 생애주기(라이프 사이클) 펀드로도 불립니다.

언론 보도에 따르면, 최근 TDF의 설정액이 크게 늘고 있다고 합니다. 2016년 말 756억 원이었던 TDF 설정액 규모는 2021년 6월 11일 현재 6조 9,095억 원으로 늘었습니다. 2021년 들어서 만 1조 6,000억 원 이상이 유입됐습니다. 투자자의 관심을 끌기 시작한 2016년 대비 무려 60배 가까이 규모가 커진 겁니다. 은퇴 이후 노후 자금을 고민하는 분이 늘고 있는 데다 2020년 이후 주식 투자 붐으로 그동안 원리금보장형 상품에 넣어두고 있던 연금자산을 투자형 상품으로 적극 운용하려는 움직임이 나타나고 있기 때문인 것으로 보입니다. 상품을 고를 능력이나 시간이 없는 투자자들이 TDF를 선택하고 있다고도 할 수 있습니다.

TDF 상품의 이름에는 흥미로운 사실이 숨겨져 있기도 한데요. 일반적으로 TDF의 이름 뒤에는 2030, 2050과 같은 숫자가 붙어 있는데 마치 암호문을 연상케 합니다. TDF의 이름은 운용회사 이름, 고유 이름, TDF, 숫자로 되어 있습니다. 예를 들어 '코리아아리랑TDF2030'이라는 TDF는 코리아라는 운용회사가 운용하는 아리랑TDF인데 예상 은퇴 시점이 2030년인 투자자에게 맞게 운용해주는 펀드라는 뜻입니다. 자신의 출생연도가 1980년이고 예상 은퇴 연령이 60세(2040년)라면, '코리아아리랑 TDF2040'을 선택하면 됩니다. 숫자는 5년 간격으로 되어 있습니다. 꼭 은퇴 시점을 염두에 두지 않고, 나이와 은퇴 시점에 연연할 필요 없이 목돈이 필요한 시점을 목표로 잡아도 됩니다.

TDF의 장점

투자자가 자신의 DC형 퇴직연금, IRP, 연금저축 계좌에 TDF를 편입하면 구체적으로 어떤 서비스가 제공될까요? 첫째, 국내외 주식형 펀드, 채권형 펀드, ETF 등에 자산배분을 해줍니다. 특히 해외 투자도 해준다는 점이 매력적입니다. 우리나라 자산시장 규모는 세계 시장의 1.5~2%밖에 되지 않습니다. 자산 100%를 이렇게 작은 국내 시장에서만 운용하는 것은 리스크가 너무 크기 때문에 국제적으로 분산 투자를 하도록 도와주는 것입니다.

둘째, 나이가 들어갈수록 주식과 같은 공격적인 자산의 비중을 줄이고 채권·CMA 같은 안정적인 자산의 비중을 높여줍니다. 공격적인 자산 비중은 시간이 지남에 따라 80~20% 범위 내에서 조절됩니다.

셋째, 여러 구성 종목의 애초 비중(포트폴리오)이 시간이 경과함에 따라 변동될 경우 정기적으로(예: 6개월마다) 재조정해줍니다. 금융회사의 담당자가 바뀌더라도 펀드 내에서 이런 서비스를 자동으로 제공해줍니다.

최근 들어 국내 운용사들이 TDF를 다양하게 출시하고 있습니다. 2021년 6월 현재까지 파악된 것으로는 14개 운용사가 17개 펀드를 출시했고, 이 중 한 곳을 제외하고는 해외 운용사와 제휴해서 운용하고 있습니다. 우리나라의 TDF 역사가 4~5년으로 짧기 때문에 장기 운용 성적표는 갖고 있지 않습니다.

퇴직연금과 투자 문화 선진국인 미국의 TDF 시장 규모는 어느 정도일까요? 2021년 2월 기준 TDF 설정 잔고가 2,000조 원(약 1.6조 달러) 정도 됩니다. 미국에서는 "나는 투자에 대해 잘 몰라. 또 공부할 시간도 없어. 그래서 TDF에 넣어놓았어"라는 말을 자주 들을 수 있다고 합니다. DC형 퇴직연금, IRP 가입자들이 연금 자산 운용에 대한 지시를 내리지 않으면 자동으로 TDF로 들어가도록 디폴트 옵션이 제도화되어 있습니다. 그리고 투자에서 손실이 나더라도 회사나 연금사업자는 법적인 책임이 없으므로 좀더 적극적으로 운용하게 됩니다.

우리나라에서는 현재 이런 디폴트 옵션 제도 도입 문제가 논의 중이지만 아직은 도입되지 않았습니다. 연금 가입자(투자자)의 책임의식에 대한 인식 문제 때문인 것으로 보입니다. 이런 이유로 회사 측이나 연금사업자 측에서는 책임 문제가 없는 원리금보장형 상품을 중심으로 자금을 운용하는데요. 이것이 우리

오십부터는 노후 걱정 없이 살아야 한다

나라의 DC형 연금 수익률이 연 1~2%에 머물러 있는 가장 큰 이유입니다.

TDF에 투자할 때 유념할 점

TDF가 국내외 자산배분, 투자 종목 간의 배분비율 재조정, 연령대에 따라 공격적인 자산과 안정적인 자산 비율의 조정, 우량 상품 선정 등의 서비스를 제공해주는 매력적인 상품인 것은 맞지만 꼭 수익을 보장하는 것은 아닙니다. 따라서 TDF에 투자할 때도 유념할 점이 있습니다.

일단 TDF가 만능은 아니라는 걸 알아둬야 합니다. 설명만 들으면 마치 자동으로 수익을 만들어주는 것처럼 보이지만, 손실이 날 수도 있습니다. 펀드 운용회사의 평판, 과거 운용 성적, 수수료율 등을 꼼꼼히 살펴보고 가입해야 합니다. 운용수익률로 절대비교를 해서도 안 됩니다. 공격적인 상품의 비율이 생애주기에 따라 달라지기 때문입니다. 특히 수수료율이 너무 높지 않은지 알아봐야 합니다. 해외 운용사의 펀드를 편입해서(재간접펀드) 운용 수수료를 이중으로 부담하게 되는 경우도 있으니 꼼꼼히 살펴봐야 합니다. 얼마 되지 않아 보이지만 약간의 수수료율 차이가 30년, 40년 투자하면서 누적되면 큰 부담이 될 수도 있습니다.

투자자의 형편에 따라 공격적인 자산과 안정적인 자산의 비율을 정할 경우 나이만을 기준으로 하는 게 충분할지도 따져봐야 합니다. 투자자의 형편을 고려할 때는 나이, 재산 상태, 가족 상황, 투자자의 성향, 투자 기간, 투자 목표 등의 요소를 모두 고려해야 합니다. 달리 말하자면, 투자자의 모든 상황 요인을 완벽하게 고려한 TDF는 거의 없다고 할 수 있습니다. 그런 점에서 한 달에 몇십 분의 시간도 낼 수 없을 정도로 바쁘거나 신경 쓰는 게 너무 싫은 투자자가 아니라면, TDF가 해주는 작업을 자신이 공부해서 직접 하는 게 바람직하다는 생각도 듭니다. 특히 젊은 세대일수록 자산배분, 종목 선정, 포트폴리오 재조정 등을 직접 해보면서 공부하는 기회로 삼을 수 있기 때문입니다.

경제적 자립을 위해서는 자산관리를 하는 데 필요한 공부를 해두는 것이 좋습니다. 금융 문맹에서 탈출하는 것이 중요하니까요. 여기에서 공부한 지식을 퇴직연금 이외의 자산을 운용하는 데에도 활용할 수 있습니다. 이런 과정을 직접 진행하면 펀드 수수료도 절약할 수 있습니다. 또한 자신의 형편에 맞는 포트폴리오도 구성할 수 있으며, 돌발 상황이 발생했을 때 긴급 대응도 가능합니다.

또 하나의
노후 대비 상품, ISA

DC형 퇴직연금, IRP, 개인연금, TDF 외에 알아두면 좋은 또 한 가지 절세 상품이 있습니다. 개인연금이나 IRP와 비슷하지만 조금 다른, ISA입니다. ISA는 개인종합자산관리계좌^{Individual Savings Account}를 뜻하며, 저성장 시대에 개인의 종합적 자산관리를 통한 재산 형성을 지원하려는 취지로 도입된 절세 계좌입니다.

ISA의 특징은 크게 세 가지로 볼 수 있습니다. 첫째, 유형에 따라 달라질 수 있지만 일반적으로 한 계좌에서 주식, 펀드(ETF, 리츠 포함), ELS(주가연계증권), 예·적금 등 다양한 금융상품을 한 번에 운용할 수 있다는 점입니다. 둘째, 의무 만기 기간(2021년 현재는 3년)이 지나면 금융상품 투자 및 운용을 통해 거둔 순이익을 통산하여 비과세 혜택을 부여합니다. 셋째, IRP는 소득이 있는 취업자(자영업자, 공무원, 교사 포함)만 가입할 수 있는 데 비해 ISA는 19세 이상의 모든 국민이 가입할 수 있습니다. 19세가 안 되더라도 근로소득이 있는 15세 이상은 가입할 수 있어서 가입 자격의 폭이 좀더 넓습니다. 단, 직전 3개년 중 단 1년이라도 금융소득종합과세 대상자에 해당했던 사람은 가입할 수 없습니다.

ISA의 세 가지 특징

첫 번째 특징부터 살펴보겠습니다. IRP는 개별 주식 매매가 불가능하고 펀드, ETF, 채권, 일부 리츠, ELS 등 파생결합상품에는 투자할 수 있습니다. DC형 퇴직연금은 좀더 안정 지향적이어서 ELS 투자가 금지되어 있고, 주식형 펀드의 투자 비중도 70%를 넘을 수 없습니다. 물론 주식형 펀드 70%, 혼합형 펀드 30%를 조합하면 이론적으로는 리스크 자산 투자 비중을 82%까지 늘릴 수 있지만, 여전히 제한이 있습니다. 그러나 ISA는 이런 제한이 없이 개별 주식, 펀드, ETF, 리츠, 파생결합증권(ELS, ELB 등), 예금성 상품 등 사실상 대부분 상품에 투자할 수 있다고 봐도 무방합니다. 그만큼 자유롭게 투자할 수 있는 상품입니다.

둘째로 비과세 혜택입니다. ISA는 IRP처럼 돈을 불입하기만 해도 알아서 연말정산 공제가 적용되지는 않습니다. 대신 ISA 가입 기간(등록일~해지일)에 ISA에 불입한 자금을 운용하여 벌어들인 투자수익에 대해서 200만 원까지는 비과세를 적용하고, 초과 금액에 대해서는 9.9%(지방소득세 포함) 분리과세 합니다. 일반 계좌의 배당소득세율 15.4%에 비해 낮은 편이니 좋은 세제 혜택이라고 할 수 있습니다. 게다가 근로소득이 5,000만 원 이하이거나 종합소득이 3,500만 원 이하인 경우에는 서민형 또는 농어민형 ISA 가입이 가능합니다. 서민형·농어민형 ISA는 순이익 200만 원이 아니라 400만 원까지 비과세해주기 때문에 소득이 낮은 사람들에게 적용되는 세제 혜택이 더 커집니다.

그 대신 2021년 기준 의무적으로 3년 이상 가입해야 하며, 3년 후 만기가 되면 해지해도 되고 연장을 해도 됩니다. 현재는 만기 연장 횟수에 제한은 없으나, 자동으로 연장되는 것이 아니기 때문에 반드시 만기 전 3개월부터 만기 전날까지 해당 금융기관에 연장하겠다는 의사를 표시해야 합니다. 만기 당일에는 연장이 불가능한데요. 연장 기한을 놓쳤을 경우에는 해지 후 재가입하면 됩니다. 3년을 다 채우고 재가입해도 비과세 혜택이나 한도는 그대로 적용됩니다. 단, 주의할 점은 의무 가입 기간 3년을 채우지 못하고 해지할 경우에는 일반 계좌처럼 일반과세가 적용되어 세제 혜택을 받지 못한다는 점입니다. 하지만 특별 중도해지 요건(사망, 해외 이주, 천재지변, 퇴직, 폐업, 3개월 이상의 입원, 파산)에 해당할 경우에는 세제 혜택을 적용받습니다. 만기 이후에는 중도해지를 해도 세제 혜택이 똑같이 적용됩니다.

　세 번째 특징인 가입 자격을 살펴보겠습니다. 19세 이상 또는 근로소득이 있는 15세 이상의 거주자라고 되어 있는데요. 19세 이상이라면 지금 당장 소득이 없어도 가입할 수 있기에 폭이 넓습니다. 그래서 자녀 명의로 투자하고 싶어 하는 부모님들에게 좋은 금융상품이 될 수 있습니다. ISA로 자금을 운용하여 자녀의 학비, 결혼 자금 등 미래를 준비해주면서 세제 혜택도 받을 수 있기 때문입니다.

　ISA는 한 사람당 모든 금융기관을 통틀어서 하나의 금융기관에 단 하나만 만들 수 있고, IRP처럼 1인당 연간 한도가 있습니다. 매년 2,000만 원, 최대 누적 납입액 한도는 2021년 최신 변경안 기준 5년간 1억 원이기 때문에 부모 명의의 계좌를 이용하여 투자하는 것보다 자녀 명의의 계좌를 이용하는 것이 세제 혜택을 극대화할 수 있습니다. 여기서 하나 더 알아두어야 할 것은, 자녀 이름으로 개설된 계좌에 부모가 돈을 넣는 경우 증여로 간주될 수 있기 때문에 자녀 계좌에 입금하면서 동시에 증여 신고를 하는 편이 좋다는 것입니다. 자녀에게 주는 돈은 10년간 1인당 5,000만 원(미성년자는 2,000만 원)까지 증여세를 공제받을 수 있는데, 세금을 아끼기 위해서는 증여 신고를 되도록 일찍 하는 것이 좋습니다. 일찍 신고해야 10년 뒤 추가로 다시 증여세 공제를 받을 수 있으니까요.

ISA의 종류

이 외에도 ISA에는 세 종류가 있다는 것을 알아두어야 합니다. 신탁형, 일임형, 그리고 최근에 나온 투자중개형 ISA입니다. 이 세 가지 중 하나의 형태로만 가입할 수 있으니 각각의 특징을 신중하게 살펴보고 가입해야 합니다. 최근에는 개별 주식에 투자가 가능하고, ISA 수수료를 무료로 해주는 증권사의 투자중개형 ISA 가입자가 늘어나는 추세입니다.

세 유형의 특징을 알아보기 전에 공통점을 간략하게 짚어볼까요? 세 유형 모두 가입 조건은 19세 이상 거주자(또는 15세 이상의 소득 증빙을 할 수 있는 거주자)이며, 최소 가입 기간(3년 만기 후 연장), 연간 한도는 동일합니다. 납입 원금 한도 내에서 자유롭게

표 6-3 ··· ISA별 특징 구분표

구분	신탁형 ISA	일임형 ISA	투자중개형 ISA
특징	구체적 운용 지시 필수 → 투자자별 맞춤형 상품	구체적 운용 지시 없어도 가입 가능 → 전문가가 설계한 상품	투자중개업자의 위탁 계좌 형태 → 투자자 직접 운용 상품
모델 포트폴리오 제시	금지 (별도 자문 형태로는 가능)	허용	-
편입 상품 교체	투자자 지시 필수	일임업자에 위임 가능	-

자료: 금융투자협회 ISA다모아

(중도)인출할 수 있다는 것과 적용되는 세제 혜택도 동일합니다. 공통으로 투자 가능한 상품은 펀드, ETF입니다. 그럼 이제 각각의 특징을 살펴보겠습니다.

신탁형은 금융사에 매매만을 맡기고(신탁), 운용은 개인이 직접 하는 형태입니다. 금융사가 모델 포트폴리오를 제시하는 것은 금지되어 있으며, 모든 상품의 매매 및 교체를 투자자가 전적으로 지시합니다. 신탁형은 공통으로 투자 가능한 상품 외에 예·적금에 투자할 수 있다는 것이 특징이고, 개별 상장주식에는 투자할 수 없습니다. 세 가지 유형 중에서 유일하게 예·적금 운용이 가능하기 때문에 안전하게 운용하거나 예금을 하려는 사람에게는 괜찮은 선택일 수 있습니다. 다만, 개별 상품 매매 시 내는 수수료 외에 신탁보수를 내야 하는 경우도 있기 때문에 은행 등 금융기관별로 꼼꼼히 살펴봐야 합니다.

오십부터는 노후 걱정 없이 살아야 한다

일임형은 투자자가 은행, 증권사, 보험사 같은 금융기관에 운용을 완전히 일임(위임)하는 형태입니다. 투자자는 금융사에서 제시하는 모델 포트폴리오를 기반으로 운용하거나, 투자 전문가에게 위임하여 자금을 운용하게 됩니다. 투자에 대한 지식이 부족하거나 자산을 운용하는 데 충분한 시간을 투입하기 어려운 투자자에게는 전문가들이 만든 포트폴리오를 토대로 전문적인 자산관리를 받을 수 있다는 장점이 있습니다. 다만, 신탁형과 비슷하게 일임 수수료와 투자하는 상품에 따라 매매 수수료가 발생할 수 있으니 가입하기 전에 금융기관별로 꼼꼼하게 비교하고 따져봐야 합니다.

마지막으로, 중개형은 투자자가 지시를 하는 것이 아니라 직접 운용하는 형태입니다. 2021년부터 새로 도입된 ISA 유형으로, 공통 투자 가능 상품 외에 개별 상장주식 또는 신주인수권에도 투자할 수 있어서 좀더 적극적인 투자자에게 어울린다고 할 수 있습니다. 출시된 지 얼마 안 됐고, 증권사를 중심으로 수수료 우대 혜택 등 공격적인 마케팅이 이뤄지고 있어 가입자 수가 증가 추세입니다. 금융투자협회에 따르면, 2021년 5월 31일 기준 가입자 수가 약 72만 명으로, 전월 대비 14만 명(24%) 이상이 늘었습니다. 반면 은행을 중심으로 한 신탁형 ISA는 5월 말 기준 110만 3,078명으로, 2020년 12월보다 68만 명이 줄었습니다. 안정성을 추구하는 신탁형에서 수수료가 좀더 싸고 공격적인 투자를 할 수 있는 중개형 ISA로 자금이 이동하고 있다고 볼 수 있습니다. 별도의 수수료 대신 개별 상품별로 보수를 받기 때문에 다른 유형의 ISA에 비해서는 수수료가 저렴한 편이라고 볼 수 있으나, 금융기관별로 수수료 정책과 혜택 등이 다르기 때문에 금융사 간 비교 분석은 필수입니다.

ISA는 절세 상품 중 거의 유일하게 가입 자격의 제한이 거의 없는 계좌라고 할 수 있습니다. 세제 혜택이 주어지는 만큼 복잡하기 때문에 유형별·금융사별로 수수료, 가입 가능 상품 등을 꼼꼼히 살펴보고 본인에게 가장 맞는 유형의 계좌로 가입하여 운용하기 바랍니다. ISA 역시 DC형 퇴직연금, IRP처럼 노후 대비를 위한 효과적인 대책 중 하나입니다.

3층연금을 완성하는 개인연금

풍요로운 노후를 지켜줄 수 있는 3층연금 중 마지막인 개인연금에 대해 이야기하고자 합니다. 개인연금은 소득이 있을 경우 자동으로 가입되는 국민연금, 퇴직연금과 다르게 개인의 선택에 따라 가입하는 연금입니다. 국민연금·퇴직연금은 통장에 월급이 들어오기 전에 알아서 공제되거나 별도로 적립되지만, 개인연금은 개인의 통장에서 직접 돈이 빠져나가는 것이 보이기 때문에 더 장기적으로 돈이 묶인다는 느낌을 받을 수도 있습니다. 그래서 개인연금에 대해서는 개인의 상황과 형편을 고려하여 신중하게 선택하는 것이 매우 중요하고, 가입하고 나서는 되도록 해지하지 않는 것이 중요합니다.

개인연금의 종류와 각각의 특징

우선 개인연금도 수령 시에는 소득이기 때문에 세금이 부과됩니다. 그러나 국가에서 모든 국민의 노후를 책임질 수 없기 때문에 고령화 사회를 대비한 연금 장려책의 하나로 개인연금에도 세제 혜택을 부여하고 있습니다. 이 세제 혜택을 어떤 방식으로 부여하는가에 따라 연금저축과 연금보험 두 가지로 나눌 수 있습니다.

〈표 6-4〉를 보면 좀더 확실히 알 수 있는데요. 얼핏 보면 비슷한 것 같아도, 둘의 차이를 아는 것은 매우 중요합니다. 연금저축과 연금보험의 특징과 장단점을 각각 비교해봅시다.

연금저축은 연금을 수령할 때는 연금소득세를 내지만, 지금 당장 납입한 금액 중 400만 원까지(IRP 300만 원과 합치면 최대 700만 원 한도) 세액공제를 받을 수 있습니다. IRP에 적용되는 혜택이 세액공제 혜택과 인출 전까지 과세이연이 되고 납입 강제성이 없다는 것인데, 이를 동일하게 적용받는 것입니다.

표 6-4 ··· 연금저축과 연금보험

구분	개인연금	
	연금저축	연금보험
세액공제 여부	O (연말정산 시 환급)	× (연말정산 시 비환급)
연금 수령 시 과세	O (3.3~5.5%, 연간 1,200만 원 초과 인출 시 종합소득세 대상)	× (10년 이상 유지 시)
원금보장형	연금저축보험	연금보험
원금비보장형	연금저축펀드	변액연금보험
중도인출	400만 원 초과 납입분에 대해 가능	납입원금 비과세, 거치 기간 10년 미만일 경우 보험차익에 대해서 과세
납입 강제	연금저축펀드: 자유 납입 연금저축보험, 연금보험, 변액연금보험: 일정 기간 납입의무 존재	

첫째로 주목할 점은 연금저축은 매년 연말정산을 통해 일정 금액을 환급받기 때문에 환급받은 액수만큼 추가로 운용할 수 있다는 것입니다. 예를 들어 연금저축 계좌에 400만 원까지 그 13.2%에 해당하는 52.8만 원을 연말정산 때 환급받습니다. 총급여(기본급, 성과급 등 근로를 통해 벌어들인 모든 소득)가 5,500만 원 이하인 경우에는 16.5%에 해당하는 66만 원을 환급받게 됩니다. 이 환급액만큼 연금저축에 재투자하거나 별도의 개인 계좌로 운용하여 수익의 복리 효과를 누릴 수 있습니다.

반면, 연금보험은 세액공제를 받지 못하는 대신 연금을 받을 때 세금을 내지 않는다는 장점이 있습니다. 납입할 때 세제 혜택을 받지 못하지만, 보험료를 10년 이상 꾸준히 납입하면 연금 수령 시 비과세 혜택을 받습니다. 소득세법상 규정된 바에 따르면, 보험 유지 기간이 10년 이상이고, 일시납 보험계약의 경우 1억 원 이하의 보험계약, 월납 보험계약의 경우 보험료 납입 기간이 5년 이상이면서 매월 납입 보험료(기본 보험료 + 추가 납입 보험료)가 150만 원 이하여야 하는 등의 조건에 해당할 경우 비과세 혜택이 주어집니다.

둘째, 연금저축 계좌에서 펀드나 ETF를 운용하다가 수익실현을 해도 그 수익에 대한 세금이 부과되지 않는다는 점입니다. 다만, 이 수익을 중도인출하면 기타소득세 16.5%가 부과됩니다. 즉, 세제 혜택 받은 것을 다시 토해내야 하는 겁니다. 이 수익을 55세 이후에 연금 방식으로 수령하면 3.3~5.5%의 연금소득세만 부과받습니다. 세금 납부가 뒤로 밀리면서(과세이연) 세율도 낮아지는 효과가 생기는 겁니다.

셋째, 연금저축 중 연금저축펀드는 중도인출이 자유로우며 납입 강제성이 없다는 점입니다. 정해진 기간에 걸쳐 꾸준히 넣는 것보다 여윳돈이 있을 때마다 편하게, 특히 연말정산을 받기 위해 연말에 세액공제 한도 금액까지 한 번에 몰아서 불입하는 사람도 굉장히 많습니다. 반면 연금저축보험, 연금보험, 변액연금보험 등 '보험'이 들어가는 상품은 모두 정기납입 의무가 있으며 2회 이상 납입하지 않으면 보험계약이 실효돼 손해가 발생할 수 있습니다.

단점은 없을까?

연금저축과 연금보험 역시 당연히 단점이 있습니다.

첫째, 일단 불입한 돈은 일정 기간 강제로 묶이게 된다는 점입니다. 특히 연금저축에서 이런 경향이 두드러집니다. 연금 수령 개시가 가능한 55세 이전에 세액공제 한도인 400만 원까지 인출하거나 연금저축상품을 해지할 경우, 계좌 운용으로 거뒀던 수익과 세액공제로 돌려받은 돈에도 기타소득세가 적용되므로 그간 받았던 세제 혜택을 다시 토해내야 합니다. 특히 연금저축보험은 중도해지 시 해지공제금 등 추가 페널티가 크기 때문에 급하게 목돈이 필요할 상황이 예상된다면 가입을 신중하게 결정해야 합니다.

연금보험의 경우 중도인출을 신청하면 보험사는 기존에 납입했던 보험금 원금에서 먼저 인출하고, 그 금액을 넘을 경우 운용을 통해 얻은 수익인 보험차익을 인출해줍니다. 이때 기존에 납입했던 원금을 꺼내 쓰는 것에 대해서는 비과세이지만, 보험 차익은 이자소득으로 간주하기 때문에 이자소득세가 부과됩니다. 다만 보험료를 납입한 날부터 만기일 또는 중도해지일까지의 기간이 10년 이상인 경우, 1억 원 이하의 보험계약이거나 월납 보험계약으로 보험료 납입 기간이 5년 이상이면서 매월 납입 보험료(기본 보험료 + 추가 납입 보험료)가 150만 원 이하여야 하는 등의 조건에 해당하면 세금을 부과받지 않습니다.

둘째, 연금저축은 연금 수령액이 수령 한도를 초과하여 인출되거나 연간 1,200만 원을 초과할 경우 종합소득세 과세 대상으로 간주되어 낮은 연금소득세가 아닌 6~45%의 보다 높은 세율을 적용받게 된다는 점입니다. 연금 수령 한도액은 '(연금 수령 개시일 기준)연금 계좌의 평가액/(11 - 연금 수령 연차) × 120%'로 계산합니다. 투자 금액이 높아지면 세금 부담이 커질 수 있습니다. 소득이 고정적이지 않거나 금융소득이 높아 종합소득세 과세 대상에 포함될 확률이 높아질 경우, 연금저축보다는 연금보험상품을 통해서 비과세 혜택을 적용받는 것이 낫습니다.

셋째, 수수료·사업비 등 제반 비용이 들어간다는 점입니다. 보험사, 증권사 등 금융기관은 정말 다양한 비용구조를 가진 여러 개인연금 상품을 취급합니다. 연금저축보험, (변액)연금보험 등 '보험'이 들어간 상품은 수익률에서 사업비 등의 명목으로 수수료를 수취합니다. 그런데 이런 수수료가 매달 공제되기 때문에 수수료 등 제반 비용이 낮은 상품을 잘 알아보고 선택하는 것이 중요합니다. 수익의 복리 효과를 저해할 수 있기 때문입니다. 증권사에서 판매하는 연금저축펀드는 기본적으로 계좌 관리 수수료가 없으나, 연금저축펀드 계좌에서 매수 가능한 ETF나 펀드 상품은 운용보수, 수수료 등을 잘 살펴봐야 합니다.

자식에게 기대던 시대에서 셀프부양의 시대로

오십부터는 노후 걱정 없이 살아야 한다

초판 1쇄 발행 2021년 9월 13일
초판 5쇄 발행 2024년 6월 10일

지은이 강창희, 고재량
펴낸이 김선준

편집이사 서선행
편집1팀 임나리, 이주영
디자인 김세민
마케팅팀 권두리, 이진규, 신동빈
홍보팀 조아란, 장태수, 이은정, 권희, 유준상, 박미정, 박지훈
경영지원 송현주, 권송이

펴낸곳 ㈜콘텐츠그룹 포레스트 출판등록 2021년 4월 16일 제2021-000079호
주소 서울시 영등포구 여의대로 108 파크원타워1 28층
전화 02) 332-5855 팩스 070) 4170-4865
홈페이지 www.forestbooks.co.kr 이메일 forest@forestbooks.co.kr
종이 ㈜월드페이퍼 인쇄 더블비 제본 책공감

ISBN 979-11-91347-41-8 (03190)

㈜콘텐츠그룹 포레스트는 독자 여러분의 책에 관한 아이디어와 원고 투고를 기다리고 있습니다. 책 출간을 원하시는 분은 이메일 writer@forestbooks.co.kr로 간단한 개요와 취지, 연락처 등을 보내주세요. '독자의 꿈이 이뤄지는 숲, 포레스트'에서 작가의 꿈을 이루세요